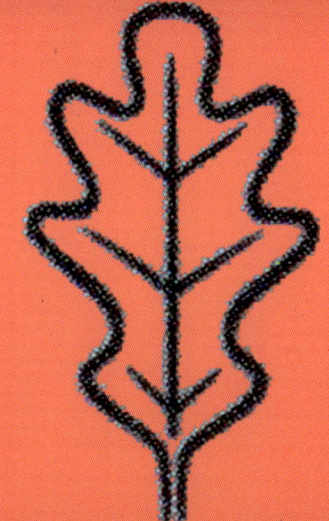

Panzerregiment 1

1935 - 1945

Wolfgang Schneider

Schneider
Armour Research

Panzerregiment 1
1935 - 45

Wolfgang Schneider

Copyright © **2017**

Schneider Armour Research

Wiesenstraße 7
D-29525 Uelzen
Fax (+49 5 81) 1 65 98
E-Mail: SAR@tank-data.de
Distributed in North America by Casemate Publishers.
Distributed in UK, Europe, and Rest of World by Casemate UK

ISBN 9783935107051

Layout: Schneider Armour Research
English text: Derik Hammond

Entstehung des Verbands

In der Fachliteratur wird der 1. Oktober 1935 als der Aufstellungstag als formale Indienststellung dieses ersten Panzerregiments der Wehrmacht benannt. Rein faktisch ist dies korrekt, jedoch sind die Ursprünge deutlich früher zu sehen. Schon lange vor Hitlers Machtergreifung war es Ziel der Reichswehrführung - zunächst im Geheimen - die Auflagen des Versailler Diktats zu umgehen und in den 30er Jahren eine deutlich leistungsfähigere Landesverteidigung aufzubauen, mit Truppen auch ausgestattet mit Waffensystemen, deren Besitz Deutschland untersagt war. So wurden seit Anfang 1926 beginnend gepanzerte Kampfwagen entwickelt mit einer Reihe von "Traktor"-Tarnnamen u.a. versehen. Auch ein Kraftfahrversuchsstab wurde in den Folgejahren gegründet, zeitweise (1928 - 33) mit einer Außenstelle im russischen Kasan (Kama). Diese Technikgeschichte ist hinreichend von Thomas L. Jentz dokumentiert und bedarf an dieser Stelle nicht der Wiederholung.

Am 1. November 1933 wurde formal mit dem Kraftfahrlehrkommando Zossen dann der Grundstein für eine aufzubauende Panzertruppe gelegt. Rasch wuchs dieses Kommando - zunächst ausgestattet mit Kaderführungspersonal - auf Abteilungsstärke auf, die dann I./Kf.Lehr-Kdo. (Zossen) genannt wurde, gefolgt Ende 1934 von der II. Abteilung. Rekruten wurden dann ab Frühjahr 1934 aufgenommen sowie 150 Schulfahrgestelle als wichtige Ergänzung der wenigen Groß-/Leicht- und Kleintraktoren. Dieses Kf.-Lehr-Kdo. Zossen wurde dann das Kampfwagen-Regiment 1 mit I. und II. Kampfwagen-Abteilung. Parallel dazu wurde das Kraftfahrlehrkommando Ohrdruf (später Kampfwagen-Regiment 2) gebildet, ebenfalls mit zwei Abteilungen, u.a. als Grundstock des späteren Panzerregiments 2. Hinzu traten aufzulösende Verbände der Reichswehr (z.B. Reiterregimenter). In Zossen selbst (und nahegelegenen Wünsdorf) wurden im Oktober 1935 dann - ebenfalls mit Führern aus dem Kampfwagen-Regiment 1 - die Panzerregimenter 6 bzw. 5 gebildet. In Wünsdorf entstanden die Panzertruppenschule für die lehrgangsgebundene Führerausbildung sowie Lehrtruppen.

Beide Kampfwagen-Regimenter wurden am 12. Oktober 1934 zu einer Versuchs-Panzerdivision zusammengefasst. Der Kraftfahrlehrstab bildete den Nukleus für die den beiden Kampfwagen-Regimentern übergeordnete Kampfwagenbrigade 1, als Kern o.g. Division. Am 25. Juli 1935 organisierte das Kommando der Kraftfahrkampftruppen auf dem Truppenübungsplatz Zossen eine große Vorführung u.a. des Kampfwagen-Regiments 1 vor Hitler und der Heeresführung.

In der Löberfeld-Kaserne stand dieser Großtraktor (DB) mit Gedenkstein und markierte den Aufstellungstag des Regiments.

In the Löberfeld barracks this Daimler-Benz Großtraktor ('heavy tractor'/ prototype tank) stood at a commemorative stone marking the establishment of the regiment.

Establishment of the Unit

In the specialist literature, the 1 October 1935 is cited as the day on which the Wehrmacht's first Panzer regiment was formally commissioned. In purely factual terms, this is correct. However, its origins can be traced to a much earlier point in time. In the 1930s, long before Hitler seized power, it was the aim of the leadership of the Reichswehr – secretly at first – to circumvent the conditions of the Treaty of Versailles and build a significant national defence force with troops equipped with weapon systems that were prohibited in Germany.

To achieve this aim, early armoured fighting vehicles were developed under a series of 'tractor', and other, covernames from the beginning of 1926. In addition, in the following years, a vehicle testing headquarters (Kama) was temporarily (1928-33) established with a field office in Kazan, Russia. The technical history of this is fully documented by Thomas L. Jentz and requires no repetition here.

On 1 November 1933, with the formation of the Kraftfahrlehrkommando (motor transport instruction command) in Zossen, the foundation stone for the future Panzertruppe was laid. This detachment – initially staffed by cadre leadership personnel – quickly grew to battalion strength and was designated I./Kf.Lehr-Kdo. (Zossen) which, at the end of 1934, was followed by the II. Abteilung. From spring 1934, recruits and 150 training chassis were received as important additions to the few heavy, medium and light 'tractors'. Kf.Lehr-Kdo. (Zossen) with its two Abteilungen (battalions) then became Kampfwagen-Regiment 1. In parallel to this, Kraftfahrlehrkommando Ohrdruf (which would later become Kampfwagen-Regiment 2) was formed and it too was composed of two Abteilungen which would form the basis of Panzerregiment 2. Disbanded units of the Reichswehr, for example cavalry regiments, were added. In Zossen itself (and in nearby Wünsdorf) Panzerregimenter 6 and 5 were likewise formed in October 1935 with commanders taken from Kampfwagen-Regiment 1. In Wünsdorf the Panzergruppenschule was established for the training of the leadership and instructor units assigned to the training courses.

Both tank regiments were combined into a single Versuchs-Panzerdivision (trial tank division) on 12 October 1934. The Kraftfahrlehrstab (motor transport training staff) formed the nucleus of the two Kampfwagen-Regimentern within the superordinate Kampfwagenbrigade 1 as the core of this division. On the 25 July 1935, the command of the Kraftfahrkampftruppen (motorised combat troops) organized a grand demonstration in front of Hitler and the leadership of the army at the troop training ground at Zossen.

Die Panzer trugen die Rautenkennzeichnung seitlich am Turm. Im Vordergrund rechts der Kommandeurpanzer II. Abteilung mit Stander. (T)

The tanks carried the rhomboid-shaped insignia on the side of the turret. In the foreground to the right, is the command tank (with a pennant) of the II. Abteilung.

Der Stab der Panzerbrigade 1 war in Erfurt in der alten Jägerkaserne untergebracht. Die II. Abteilung des Panzerregiments 1 war in der Löberfeld Kaserne und die I. Abteilung in der Steigerkaserne stationiert. Am 15. Oktober1935 erfolgte ein feierlicher Einzug beider Abteilungen durch die Stadt mit formaler Begrüßung auf dem Domplatz (Fotos S. 4). Eine nicht unbeträchtliche Herausforderung war der Beginn der eigentlichen Panzerausbildung, weil es noch keine Vorschriften und kaum ausreichende kompetente Führer gab. Erst im Laufe des Jahres 1936, nach mehreren Aufenthalten auf den Truppenübungsplätzen Berka, Ohrdruf und Putlos wuchs die erforderliche Expertise auf. Auch die Verlängerung der Wehrdienstzeit auf 24 Monate war dem sehr zuträglich. Im Herbst 1936 fanden dann erste Übungen im Regiments- und auch Brigaderahmen statt.
Besonderheit in der Wehrmacht in der Phase des raschen Aufwuchses war das Prinzip des sogenannten „Kalbens". D.h. neue Verbände wurden aufgestellt unter Heranziehen von Personal und auch ganzen Einheiten. So verließen Ende 1936 die 2. und 6. Kompanie das Regiment und bildeten den Nukleus des Panzerregiments 7.
Erst Ende 1935 erhielt das Regiment die ersten Pz.Kpfw. III (drei der Ausf. A). Mitte Februar kamen die ersten Pz.Kpfw. Ib und II.

The headquarters of Panzerbrigade 1 was located at the old Jägerkaserne in Erfurt. The II. Abteilung of Panzerregiment 1 was stationed in the Löberfeld barracks and the I. Abteilung in the Steiger barracks. On 15 October 1935 both Abteilungen took part in a march through the town and a formal reception at the cathedral square (see photos P4). The beginning of actual tank training presented a not inconsiderable challenge because as yet there were no established regulations and insufficient, competent leaders. It was only during 1936 – after several visits to the Berka, Ohrdruf and Putlos troop training grounds – that the required expertise was gained. The extension of the conscription period to 24 months was also conducive to the development of this expertise. The first exercises at regimental and brigade level took place in autumn 1936.
During this phase of rapid development, the so called 'calving' principle was a feature of training within the Wehrmacht in which new combined arms units were established by pulling together personnel and also whole detachments. At the end of 1936, the 2. and 6. Kompanie left the regiment to form the nucleus of Panzerregiment 7.
It was only at the end of 1935 that the regiment received its first Pz.Kpfw. IIIs (three of Ausf. A/ series A). The first Pz.Kpfw. Ib and IIs were received in mid-February.

Bild nach der Blumenübergabe. Die neben dem Panzer liegende Pfosten
hatten die Aufstellplätze der einzelnen Einheiten markiert.
Das Foto während des Abrückens vom Appellplatz (rechts) zeigt, dass auch
auf der Turmrückseite zum Teil Markierungen aufgebracht waren zur Kennzeichnung der Abteilungs- oder Kompanieführer. (M,M)

Photo taken after the flowers were handed over; the posts lying next to the
tank mark the stopping position for each unit.
This photo (right) taken during the departure from the assembly area also
shows that symbols identifying the tanks of the Abteilung or Kompanie
commanders were sometimes applied to the rear of the turrets.

Auch in der Folge gab es regelmäßig Appelle in der Stadt, mit oder ohne Panzer, z.B. (rechts oben) zum jährlichen Heldengedenktag, (rechts) auf der Citadelle Petersberg oder anlässlich eines Großen Zapfenstreichs im Jahr 1936 (oben). (B,T,T)

Subsequently there were regular assemblies in the town with or without tanks; for example (top right) on the annual Heroes' Memorial Day, at Petersberg Citadel (right) or on the occasion of a great military tattoo (above) in 1936.

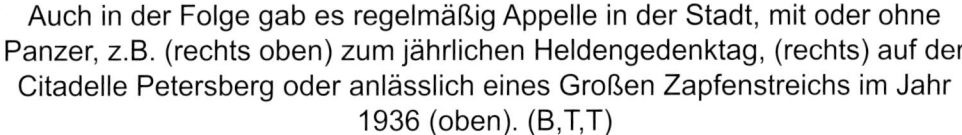

Panzer-Regiment 1 Erfurt

These original postcards demonstrate the German pride at regaining military sovereignty and overcoming the humiliation of the unspeakable Treaty of Versailles.

Diese beiden Originalpostkarten drücken den Stolz aller aus, wieder die eigene Wehrhoheit erreicht und die Schmach der unsäglichen Versailler Vertragsauflagen überwunden zu haben. (T)

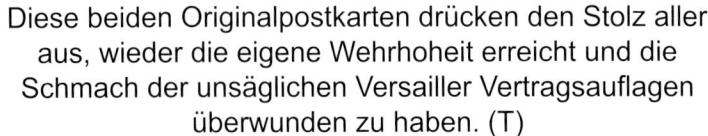

8

Eine Reihe erster großer Versuchsübungen der Versuchs-Panzerdivision wurde dann im vom 26. August bis zum 20. September 1935 auf dem Truppenübungsplatz Munster durchgeführt. Sie erbrachten wertvolle Erkenntnisse für die Bildung der deutschen Panzerwaffe, und zwar - anders als in anderen Armeen - als eigenständige Schwerpunktwaffe des Heeres.

Zwei Fotos von diesen Versuchsübungen mit dem Vorstoß vorbei an einer Pak-Stellung (oben) und (rechts) dem ausgefallenen ersten Befehlswagen des Kommandeurs der I. Abteilung (schwarz umrandetes Quadrat, Ziffer „1" daneben, unter der rosa Panzerraute mit der Ziffer „I" am Turheck)
Die roten Helmbänder kennzeichnen die feindliche Übungspartei, die weißen weisen das Schiedsrichterpersonal aus.

These two photos from the exercise show a tank advancing past an AT gun position (above) and the broken-down first command tank (right) belonging to the commander of the I. Abteilung (this had a black-bordered square with the number '1' next to it, below the pink tank lozenge with letter 'I' on the rear of the turret) 'Enemy' troops were identified by red bands on their helmets; referees wore white bands.

The first series of large-scale exercises was carried out by the Versuchs-Panzerdivision from 26 August until 20 September 1935 at the training ground in Munster. These generated valuable insights regarding the development of German tank forces and in fact – unlike in other armies – they formed an independent force at the focal point of attack.

Der Erfahrungsbericht des Kommandos der Panzertruppen vom 24. Dezember 1935 über die Munsteraner Versuchsübungen war in der Zusammenfassung eher ambivalent, zu sehr auf die geringe Kampfkraft der Panzer I zugeschnitten. So wurde z.B. von einer Einsatzbreite einer Panzerdivision von nur 3 km (!) gesprochen und der eigenständige Einsatz eines Panzerregiments oder gar einer Abteilung nur in „Ausnahmefällen" angeraten. Von diesen Einschätzungen nahm man rasch Abstand.

Positiv wurde aber schon damals das enge Zusammenwirken mit Schützen und Fliegern bewertet sowie die rasche Bereitstellung einer wirksameren Kampf- und Einsatzunterstützung sowie brauchbare Fernmeldemittel gefordert.

Marsch eines Panzerzuges entlang der Blautannenbahn (mit zu geringen Abständen). und Sammeln einer Kompanie (unten) am Platzrand (weißes Schild markiert die Übungsplatzgrenze).

A Panzer platoon marches along the Blautannenbahn (with insufficient spacing between the tanks) and (right) a company gathers at the edge of the training area (marked by a white sign).

The commander of the armoured troops' summary of the field report relating to the Munster training exercises, written on 24 December 1935, was somewhat ambivalent and focused too closely on the limited combat value of the Panzer I. For example, a deployment width of an armoured division of only (!) 3 km was mentioned and the independent use of a Panzer regiment – let alone a battalion – was advised only in 'exceptional cases'. These assessments were quickly overturned.

However, at the same time, close cooperation with infantry and aircraft were evaluated positively and the rapid provision of more effective combat and operational support, as well as a serviceable means of telecommunication, was demanded.

Die Jahre der Ausbildung

Die ersten zwei Jahre des Bestehens des Regiments waren gekennzeichnet durch intensive Ausbildung mit Übungen bis hin zur Divisionsebene.Schwerpunkte waren Besatzungs- und Gefechtsausbildung. Während der zweijährigen Wehrdienstzeit war es vorrangiges Ziel, nach einer dreimonatigen infanteristischen Grundausbildung, die Panzerkompanie binnen zwölf Monaten zur Erfüllung aller erforderlichen Gefechtsaufgaben zu befähigen. Daran schlossen sich drei Quartale mit Übungen an.

Die panzergebundene Ausbildung begann mit der Geräteausbildung am Panzer, die künftigen Panzerfahrer machten ihren Führerschein. Anschließend wurde die dann komplette Besatzung in den Grundfertigkeiten des „Fahren, Funken, Schießen" ausgebildet, wie es im Jargon ausgedrückt wurde. Im letzten Quartal der Panzerausbildung musste die Besatzung im einzeln und im Zugrahmen grundsätzliche Gefechtsaufgaben erfüllen, im wesentliches richtiges Ausnutzen des Geländes, Gefechtsfeldbeobachtung, Sicherung und andere Dinge.

Im Herbst 1937 mussten erneut leider zwei Kompanien (3. und 6.) sowie Führerpersonal (zur Bildung des Panzerregiments 11) abgegeben werden.

Due to lack of „tanks" some parts of the training were conducted with tractors with open top.

Mangels ausreichender Panzer wurde ein Teil der Ausbildung sowie die der angehenden Fahrer mittels der oben offenen Wannen durchgeführt. (M,T)

Years of training

The first two years of the regiment were characterized by intensive training with field exercises up to and including division level.

During the two years of military service the primary objective after three months of basic infantry training was to enable the Panzer company to fulfil all necessary combat tasks within twelve months. This was followed by nine months of exercises.

Training on tanks began with equipment training during which prospective tank drivers completed their driving licence. Subsequently, the whole crew was trained in the basic skills of 'Fahren, Funken, Schießen ' (driving, radioing, shooting) as expressed in tank-crew jargon. In the last three months of tank training, the crew had to accomplish basic combat duties both individually and within the framework of the platoon; basically, this covered the proper exploitation of the terrain, battlefield observation, security and other matters.

Yet again, in autumn 1937, two companies (3. and 6. Kompanie), together with leadership personnel, had to be relinquished for the training of Panzerregiment 11.

Die Ausbildung der Führer erfolgte in Lehrgängen auf Divisionsebene oder in Wünsdorf mit Geländebeurteilungen (oben), Abfassen von Meldungen (unten), Vorführungen von Gerät sowie Schießvorführungen (rechts). (O)

Leadership training was carried out in courses at divisional level or in Wünsdrof with terrain assessment (top left), the drafting reports (below left), demonstrations of equipment and firing (right photos).

Die Geräteausbildung erfolgte im Technischen Bereich, auch in Hallen, weniger in Unterrichten sondern überwiegend praktisch am Gerät. Verantwortlich war der Zugführer (rechts unten); die Rekruten im hellen Ausbildungsdrillich.

Training on equipment took place in the technical area and in halls and was predominantly through practical work on equipment rather than in lecture rooms. The platoon leader was in charge; the recruits are in light drill fatigues (below). (T)

Schwerpunkt der Fahrausbildung war das möglichst materialschonende Fahren in schwierigem Gelände und das Überwinden von Hindernissen wie Gräben, Klippen und Hängen. (T)

The focus of driver training was to drive as 'sympathetically' as possible in difficult terrain and to overcome obstacles such as ditches, cliffs and slopes without causing damage to the mechanisms.

Die Fahrprüfung erfolgte auf Stationen (weißes Schild) unter allen Fahrbedingungen, auch unter Gasschutz und auch mit „Luken zu". (T)
The driving test was carried out at stations (marked by a white sign) under all driving conditions including under gas protection and with the hatches closed.

Wichtiger Teil der Fahrausbildung in schwierigem Gelände war auch das Bergen von Fahrzeugen. Hier war stets auch Säubern des Laufwerks angesagt mit Entfernen von Bruchholz, Schlamm und Geröll. Ansonsten konnten diese Teile das Laufwerk blockieren oder sogar beschädigen. (T)

The recovery of vehicles was an important part of driver training in difficult terrain. Also, the removal of broken wood, mud and gravel that could jam, or even damage, the running gear was a constant requirement.

Andere Fahraktionen (Bild oben) waren weniger sinnfällig (Kollisions-
gefahr!) und dienten zum Teil der Propaganda.
Nach jedem Geländedienst waren umfangreiche Reinigungstätigkeiten
innen und außen angesagt. (O,T)

Other driving operations (above) were less purposeful (risk of
collision!) and were used in part for propaganda.
After every field-exercise, extensive cleaning activities – inside and
outside – were necessary.

Weitere wichtige Aufgaben ergaben sich im Hinblick auf das Überwinden von Sumpfabschnitten, Gräben und Flussläufen, speziell für die deutlich schwereren Panzer III und IV. Mit feldmäßigen Mitteln waren oft Knüppeldämme und Holzbündel die Lösung.

Other important tasks arose with regard to overcoming swampy areas, ditches and river courses – especially for the markedly heavier Panzer III and IVs. Corduroy roads and wood bundles were often the means to a solution in the field.

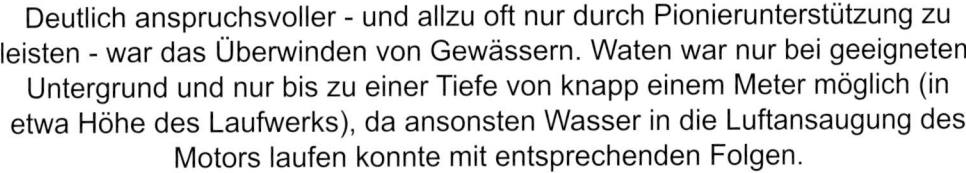

Deutlich anspruchsvoller - und allzu oft nur durch Pionierunterstützung zu leisten - war das Überwinden von Gewässern. Waten war nur bei geeignetem Untergrund und nur bis zu einer Tiefe von knapp einem Meter möglich (in etwa Höhe des Laufwerks), da ansonsten Wasser in die Luftansaugung des Motors laufen konnte mit entsprechenden Folgen.
Oben rechts hat sich der Panzer des Zugführers festgefahren, die anderen Kommandanten überlegen, wie sie Schlepphilfe leisten können. Durchfahrtstellen müssen zwingend vorher erkundet werden und wurden z.B. durch Pfosten (rechtes Bild) gekennzeichnet. (T,T,O)

Overcoming waterways was much more demanding and all too often could only be done with the support of engineers. Wading was only possible on a suitable substrate and only up to a depth of nearly one meter (the approximate height of the running gear) otherwise water could run into the engine's air intake with correspondingly adverse consequences.
The picture (top right) shows the platoon commander's tank stuck fast. The other commanders are thinking about how to carry out a rescue by towing. Crossings must be assiduously reconnoitred in advance and marked by stakes (right).

19

Wesentliche Ausbildungsinhalte fanden auf Truppenübungsplätzen statt mit nicht ganz so komfortablen Unterkünften (oben), z.B. - nebeneinander aufgefahren - im Panzerschießen auf Holzscheiben. (T,T,T,W)

Essential training, for example gunnery at wooden targets, was juxtaposed with not-quite-so-comfortable quarters on training grounds as shown in the picture above.

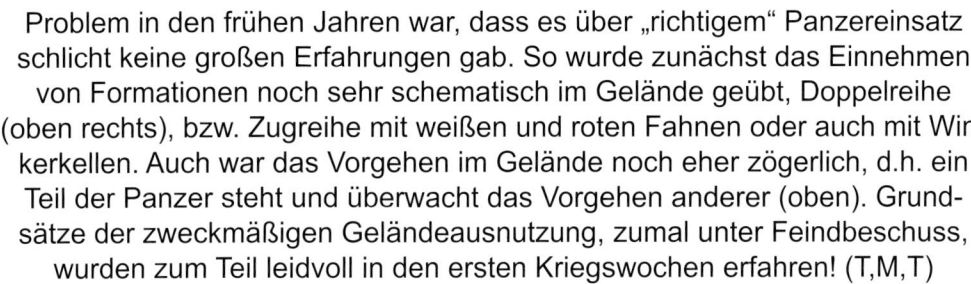

Problem in den frühen Jahren war, dass es über „richtigem" Panzereinsatz schlicht keine großen Erfahrungen gab. So wurde zunächst das Einnehmen von Formationen noch sehr schematisch im Gelände geübt, Doppelreihe (oben rechts), bzw. Zugreihe mit weißen und roten Fahnen oder auch mit Winkerkellen. Auch war das Vorgehen im Gelände noch eher zögerlich, d.h. ein Teil der Panzer steht und überwacht das Vorgehen anderer (oben). Grundsätze der zweckmäßigen Geländeausnutzung, zumal unter Feindbeschuss, wurden zum Teil leidvoll in den ersten Kriegswochen erfahren! (T,M,T)

The problem in the early years was that there was simply no great experience regarding the 'correct' deployment of tanks. Accordingly, taking up position in open land was, at first, still practised very schematically; here we see double columns (above right) and in line formations (bottom right) with white and red flags or signalling 'paddles'. Also, advancing in open countryside was still somewhat hesitant, that is to say some of the tanks stopped to oversee the advance of the others (above). The principles of expedient land use, especially under enemy fire, were learned, sometimes painfully, in the first weeks of the war.

Richtiges Vorgehen im offenen bzw. bewaldeten Gelände, das Beziehen von Verfügungsräumen, Stellungswahl, Auflockerung, Tarnung und andere wichtige Fertigkeiten im Gefechtsdienst wurden intensiv geübt. (T,O,T,T)

Advancing in proper fashion in open or wooded terrain, finding assembly areas, selecting positions, dispersal, camouflaging and other important combat skills were practised intensively.

Andere Themen des Gefechtsdienstes waren Marsch, Einsatz unter Nebel bzw. bei Dämmerung und Dunkelheit oder das richtige Einnehmen einer sogenannten „Gedeckten Aufstellung" (rechts unten). (T,W,O,T)

Other themes covered in combat drill were marching, deployment in fog or at dusk or at night, and correctly occupying so-called 'cover positions' (below).

Die Übungen erfolgten auf militärischen Arealen oder im freien Gelände (links ein Bild am Bismarckturm bei Weimar). (O,T,T)
Exercises were carried out in military areas or in open terrain (on the left is a photo of the Bismarck Tower near Weimar).

In Übungen wurde das Gelernte umgesetzt, im Zusammenwirken mit anderen Waffen, Einsatz von Kradmeldern, Durchführen von Befehlsausgaben. Schiedsrichtereinsatz, mit verdienten Pausen nach Übungsende (rechts unten). (T)

In exercises, teaching was put into practice in conjunction with other weapons, the use of motor cycle messengers, and the execution of orders and umpire service, with a well-earned break (bottom right) at the end of the exercises.

Andere Ausbilldungsanteile wurden im Zusammenwirken mit anderen Truppenteilen absolviert zwecks Transport mit Lkw oder Eisenbahn oder beim Überwinden von Gewässern per Fähre bzw. Kriegsbrücke. (T,O,T,O)

Other training detachments trained with different troop units for the purpose of transport by truck or rail, or for crossing waterways by ferry and bridges built by engineers.

Ein Großteil der Ausbildung fand standortnah sowie auch in der Umgebung Erfurts im freien Gelände statt, wie z.B. bei einer Durchfahrt durch die Wipper (unten). Bei Halten in den Ortschaften (rechts oben) in Roßleben oder (rechts unten) in Rastenburg standen die Panzer stets im Mittelpunkt der Bevölkerung. (T,O,O,O)

Mostly, training took place in open countryside close to or in the area around Erfurt. For example, the picture below shows a crossing of the River Wipper. During stops in towns, such as Roßleben (top right) or Rastenberg (bottom right), the tanks were always the centre of attention for the local population.

Zu Anfang des Bestehens kamen die Soldaten des Regiments noch in den Genuss von Ereignissen typischen Friedensdienstes, Biwaks mit der Bevölkerung, öffentliche Theateraufführungen, Pflege der Kameradschaft (§11 gem. Dienstvorschrift), Karnevalsveranstaltungen u.v.m. Dies sollte sich sehr bald drastisch ändern! (T)

At first, the regiment's soldiers enjoyed events typical of peace-time service; camping with the locals, theatre productions that were open to the public, building comradeship (in accordance with §11 of the service regulations), carnival celebrations and much else. All this would soon change – drastically!

Aber auch andere Ausbildungsinhalte füllten die Wochen, wie Exerzieren, sportliche Ertüchtigung, Waffenreingen und technischer Dienst und Wartung bzw. Unterstützen des Werkstattpersonals bei der Instandsetzung ausgefallener Fahrzeuge. Für all dies stand später zu Kriegszeiten deutlich weniger Zeit zur Verfügung! (O,T,O,T)

However, the weeks were also filled with training of a different kind such as drills, physical exercises, weapon cleaning and technical service and maintenance as well as supporting the workshop personnel with the repair of broken-down vehicles. Clearly, there would be little time for all this during wartime.

Zunächst hatten nur die Stabspanzer Funkgeräte mit Staban-
tenne (oben rechts, beigeklappt), so dass zunächst noch mit
Flaggensignalen geführt wurde. Man erkannte jedoch früh den
Stellenwert einer Vollausstattung und der Fernmeldeausbildung.

At first, only the command tanks had radio equipment with rod an-
tennas (photo top right shows one folded) and tanks were still guided
by signal flags. However, the value of equipping tanks with radios and
training radio operators was recognised at an early stage. (T,M,M)

Um die Reichweiten deutlich zu steigern, wurden seitens des Regiments, geleitetet durch Truppenversuchspersonal, umfangreiche Einrüstversuche mit unterschiedlichen Antennenkonstruktionen und Rüstständen durchgeführt.

1937 beginnend wurde nach und nach in alle Panzer ein (U)KW-Funkgerät eingebaut.In einer weiteren Phase erhielten die Führungspanzer der Kommandeure und der Kompaniechefs darüber hinaus einen zusätzlichen Empfänger zum Abhören des gesonderten Führungskreises. Innerhalb der Panzerkompanie funkten alle Kommandanten auf einem eigenen Kreis.

Dies steigerte die Führungsfähigkeit signifinant.

To increase the radio range significantly the regiment, guided by unit research personnel, carried out wide-ranging trials with different types of antennae and mounting frames. Starting in 1937 (U)KW radio sets were gradually installed in all tanks. In a subsequent phase, the command tanks belonging to the commanders, and moreover those of the company chiefs, received an additional receiver so that they could listen in to the separate command circuits. Within a tank company the commanders used their own radio links. This greatly improved the leadership's command capability. (T,M)

Die neuen Verbände erhielten ab 1936 ihre Truppenfahnen, auch Standarten genannt, mit Fahnenband in Waffenfarbe. Offiziell wahrte die Wehrmacht nicht die Tradition zu ehemaligen Verbänden, jedoch wurden bei offiziellen Veranstaltungen Veteranen (rechts mit dem Feldmarschall von Mackensen) eingeladen und auch beim Pz.Rgt. 1 am 10. Juni 1938 formal die Tradition der Jäger zu Pferd 6 übernommen, mit einem zusätzlichen Fahnenband.

From 1936 new units received their own flags (Truppenfahnen, also referred to as Standarten) with streamers in the unit's colours. Officially, the Wehrmacht did not retain the tradition of former units. However, at official events, veterans were invited (see right – with Feldmarschall von Mackensen). Also, on 10 June 1938, Pz.Rgt. 1 formally adopted the tradition of the Jäger zu Pferd 6 (a light cavalry regiment) by adding an additional streamer to the unit's standard. (M,O,O)

For every soldier, the roll call on the occasion of the swearing-in of new comrades is a solemn moment, as shown in these two photos. Such events took place on the assembly area of the Löberfeld barracks with detachments of six soldiers. In the photo (left) taken at the end of 1936, we see the flags of both Abteilungen; here the soldiers are symbolically touching the tank. Usually, as in this photo (below) taken in autumn 1937, they touched the lowered unit standard carried by – flanked by two lieutenants – a well-deserving junior NCO of the Abteilung. Every new soldier repeated the oath aloud after the commanding officer.

On the buildings in the background, the letter 'M' stands for Mannschaftsunterkunft (the soldiers' accommodation unit) and 'W' for Wirtschaftsgebäude (kitchen building).

Feierlicher Moment für jeden Soldaten ist jeweils der Appell anlässlich der Vereidigung der neuen Soldaten. Die beiden Fotos zeigen diese Ende 1936 (oben) mit den Fahnen beider Abteilungen sowie im Herbst 1937 jeweils auf dem zentralen Antreteplatz in der Löberfeld-Kaserne. Jeweils eine Abordnung von sechs Soldaten hebt die Schwurhand und berührt symbolisch einen Panzer, in der Regel aber die abgesenkte Truppenfahne, getragen durch einen verdienten Portepeeträger der Abteilung flankiert durch zwei Leutnante. Vorgesprochen durch den Kommandeur sprechen alle neuen Soldaten die Eidesformel laut nach.

Die Gebäudekennzeichnungen stehen „M" für Mannschaftsunterkunft, „W" für Wirtschaftsgebäude. (M)

Nachfolgendend werden jetzt im Näheren die verschiedenen Einsatzphasen des Panzerregiments 1 erläutert sowie die jeweiligen wechselvollen Gliederungen und überaus unterschiedlichen, zumeist uneinheitlichen Ausstattungstände. Interessant in diesem Zusammenhang ist, dass das Regiment - anders als viele andere - von Januar bis November 1943 eine längere Phase ohne Fronteinsätze hatte.

Auch die verschiedenen Fahrzeugkennzeichnungen werden dem Leser nähergebracht.

Er wird so in die Lage versetzt, auch anderweitig aufgefundene Fotos eindeutig den einzelnen Einsatzperioden des Verbandes zuordnen zu können. Die bisherige Quellenlage ließ dies nicht zu.

In the following pages, the various deployments of the Panzerregiment 1 are explained in detail as are the respective structural changes and the very diverse, generally non-uniform equipment levels. In this context it is very interesting to see that - in contrast to many other units - the regiment had a longer period without front line deployment from January until November 1943.

Also, the reader will become familiar with the various vehicle identification markings and this will enable him to unambiguously assign photographs found elsewhere to particular periods of deployment of the unit. Previous sources do not allow this.

Einsatzzeiträume Panzerregiment 1

Zeit / Time Period	Raum / Area	
Okt 38	Sudeten	
1.09. - 12.10.39	Polen	
März - Mai 1940	Eifel	
10.05. - Ende Juni 1940	Frankreich	
5.09. 1940 - Juni 1941	Ostpreußen	
22.06.1941 - Ende 1942	Russland	
Januar - Februar 1943	Frankreich	
14. Juni - Ende Oktober 1943	Griechenland	nur II. Abt.
11.09. - November 1943	Italien	nur I. Abt.
November 1943 - Mitte April 1944	Russland	
Mitte April - Anfang Juli 1944	Polen	Auffrischung
Juli - Ende September 1944	Russland	
Ende September 1944 - Mai 1945	Balkan	

Gliederung und Ausstattung mit Panzern

In der gängigen Literatur über die neu geschaffene Panzerwaffe finden sich triviale Angaben über die Gliederung und Ausstattung der Verbände, die – kurz gesagt – allesamt falsch sind. Die Autoren legen den jeweils gültigen Kriegsstärkenachweis (KStN) zugrunde, nicht berücksichtigend dass die Zahl des Großgeräts dem nicht entsprach. Hiernach hätte ein Panzerregiment mit acht Kampfkompanien und Stabsanteilen eine stolze Sollstärke von 200 Panzerkampfwagen gehabt!

Aufgrund der erst anlaufenden Kampfwagenfertigung änderte sich die Binnengliederung in den nächsten Vorkriegsjahren ständig. Die nachstehende Tabelle zeigt überdeutlich zum einen eine zahlenmäßig wesentlich geringere Panzeranzahl. Hinzu kommt, dass es wegen des überhasteten Aufwuchses der Verbände und der noch eher geringen Fertigungszahlen eine unsägliche Mischausstattung verschiedener Typen gab. Von einer reinrassigen Ausstattung der Kompanien wurde abgesehen. Und das war auch taktisch richtig, denn der Einsatzwert z.B. einer reinrassig mit dem Pz.Kpfw. I ausgestatteten Kompanie wäre zu gering gewesen, mit der Folge überhöhter Verluste.

Folgerichtig wählte man – in Zuständigkeit der Regimenter – taktisch zweckmäßige Mischgliederungen, die freilich aus logistischer Sicht ein Albtraum waren, denn auch die Panzerhaupttypen bestanden bis in die 40er Jahre stets aus mehreren Untervarianten.
Die angestrebte Grundgliederung aus je vier Panzerkompanien in jeder Abteilung konnte zunächst nicht realisiert werden.
Der Aufwuchs der Panzerwaffe und alle zahlreichen Wechsel in den Kriegsstärkenachweisungen (KStN) sind - unter konsequenter Nutzung ausschließlich von Primärquellen – im zweibändigen Werk von Thomas L. Jentz „Panzer Truppen" dokumentiert. Andere Quellen (u.a.) Divisionsgeschichte von Stoves) sind fehlerhaft.

Panzerbestände   Panzerregiment 1

Datum	Pz.Kpfw. I	Pz.Kpfw. II	Pz.Kpfw. III	Pz.Kpfw. IV	Pz.Bef. W.	Panther	Total	Pz.Kp.	
Lieferbeginn	1935	1937	1935	1936	1936	1943			
Oktober 35	110						110	8	
1. September 1939	39	60	20	28	3		150	6	
1. Januar 1940	33	48	28	20	4		133		
10. Mai 1940	26	49	28	20	4		127	6	
22. Juni 1941		43	71	20	11		145	6	
10. September 1941		35	56	13	9		113		
31. Oktober 1941		26	32	8	7		73		
1. Juli 1942		2	26 (+ 10 Pz 38t)	7	4		49	3	minus II. Abt.
18. November 1942		3	16 kz/8 lg (+ 7 Pz 38t)	5 kz/6 lg	4		45		
November 43				95 lg	7	76	178	8	plus 7 FlammPz
31. Mai 1944				34		26	60		
30. Juni 1944				34		42	76		
10. Januar 1945			18 StuGesch	33		59	110		
15. März 1945			2 StuGesch	5		59	66		

Diese Tabelle zeigt die sehr unterschiedlichen Ausstattungsstände bis zum ersten Einsatz an der Ostfront. Erst mit der Neuaufstellung im November 1943 ergab sich eine Ausrüstung gemäß KStN. Trotz mehrerer Auffrischungen bzw. direkt an die Front gelieferter Fahrzeuge sank die Ist-Stärke - ausfallbedingt - stetig ab. Die Zahl der jeweilig einsatzfähigen Fahrzeuge war deutlich niedriger.

This table shows the very different equipment levels up to the first deployment on the Eastern Front. It was only with the reestablishment of the regiment in November 1943 that it was equipped according to the KSTN. Despite several refits, and the delivery of vehicles directly to the front, the actual strength declined steadily as a result of malfunctions. The number of combat-ready vehicles was significantly lower.

Diese Draufsicht des im Oktober 1935 aufgefahrenen Regiments aufgenommen vom Dom herab zeigt ebenfalls deutlich den Unterbestand an Panzern. Die links vom Obelisk aufgestellten sieben Panzer gehören zur Gruppe Führer des Regimentsstabes. Rechts davon ist die II. Abteilung aufgefahren. Die Kompanieblöcke mit 12, 13 bzw. 14 Fahrzeugen dokumentieren das jeweilige Fehl zum damaligen Soll von 22 Panzern pro Kompanie. (O)

This view of the regiment from above, taken in October 1935 from the top of the cathedral, also clearly shows the shortfall of tanks. The seven tanks on the left of the obelisk belong to Gruppe Führer, the command group belonging to the regimental staff. To the right of this is the II. Abteilung. The company sections, with 12, 13 and 14 vehicles, document the actual shortfall in numbers with respect to the then current target of 22 tanks per company.

Unit Structure and the Provision of Tanks

In the current literature trivial information is to be found regarding the organization and equipment of the newly created armoured forces, which – put bluntly – are all inaccurate. The authors base this information on valid Kriegsstärkenachweisungen (KStN/TOE table of organization and equipment) without taking into account the fact that the number of large pieces of equipment fell short of this. According to this, an armoured regiment with eight combat companies and staffs would have had a proud authorized strength of 200 armoured fighting vehicles!

Due to the initially increasing combat vehicle production, the internal organization underwent constant changes during the next pre-war years. The accompanying table points very clearly to a substantially lower number of tanks than is often cited. It should be added that because of the over-hasty growth of the units, and the still relatively low production numbers, they were equipped with an incongruous mixture of various models. Nor was there provision of standardized equipment for the companies. Tactically, this made sense because the operational value of a company equipped, for example, with purely Pz.Kpfw. Is would have been inadequate, leading to excessive losses.

Logically, within a regiment, a tactically appropriate mixed structure was chosen but this was, from a logistical viewpoint, something of a nightmare because the main tank types also consisted of a number of sub-variants until the 1940s.

Initially, the basic structure of four Panzer companies in each battalion could not be realized.

The proliferation of armoured forces and the numerous changes in the KStN are – with the use of exclusively primary sources – well documented in the two-volume work of Thomas L. Jentz's Panzer Truppen. Other sources, including Stove's history of the division, are faulty.

Markierung und Kennzeichnung

Alle seit 1935 neu gebildeten Panzerregimenter hatten zunächst keine einheitliche Fahrzeugkennzeichnung, auch deswegen, weil es kontinuierliche Zulieferungen unterschiedlicher Varianten gab. Auch das Hoheitsabzeichen war zunächst nicht angebracht. Bei der ersten Parade zum Aufstellungstag des Panzerregiments 1 gab es lediglich eine Kennzeichnung mit einer Panzerraute, für die I. Abteilung in Weiß und der II. Abteilung in Rot mit der Abteilungsnummer in Schwarz bzw. Weiß. Ab 1936 beginnend hatten im Panzerregiment 1 in den Kompanien lediglich fortlaufende weiße Nummern auf dem Wannenbug.

Erst im Zuge der Vorbereitungen des Einmarsches in das Sudetenland wurden die „normalen" dreistelligen Nummern an den Turmseiten abgebracht (erste Ziffer für die Kompanie, zweite für den Zug, dritte für den Platz im Zug). Die Chefpanzer hatten Hunderternummern mit zwei Nullen, die übrigen Panzer der Kompanieführung bzw. des Aufklärungszuges weitere Folgenummern (z.B. 201, 202 usw.).
Der Kommandeurpanzer hatte die Turmkennung I01 bzw. II01, die anderen Panzer entsprechend fortlaufend. Die Regimentsführung die Kennung R01 ff.

Das Balkenkreuz wurde dann in Vorbereitung des Polenfeldzuges angebracht, zunächst noch voll in weiß, später dann in der endgültigen schwarz-weißen Ausführung.

Tradition sozusagen war, dass bis zum Kriegsende die Turmnummern des Panzerregiments 1 stets in weißer Farbe - in den Anfangsjahren größer, später deutlich kleiner (zum Teil später auch mit dünnem schwarzen Rand) aufgemalt wurden.
Anfangs hatten die Fahrzeuge auch (in Weiß) das Divisionssymbol, das Eichenblatt aufgemalt, ab 1941 die Divisionsrune in gelber Farbe, die Ende 1942 entfiel.

Ab Ende 1936 trugen die Panzer vorn rechts auf der Frontseite lediglich eine fortlaufende weiße Nummerierung, zunächst noch mit der Kompanieziffer auf einem farbigen runden Feld daneben, die 1937 entfiel. (W)
From the end of 1936 onwards, the tanks initially had only sequential white numbering on the front at the right-hand side with, at first, the company number on a coloured, round field beside it; this was dropped in 1937.

Beim Einmarsch ins Sudentenland hatten die Panzer lediglich Turmnummern, je nach Kompanie unterschiedlich groß.

During the invasion of the Sudetenland, the tanks had only turret numbers of different sizes according to the company.

Identification Markings

At first, none of the new Panzer regiments formed after 1935 had uniform vehicle identification markings, partly because of the continual supply of different variants. In addition, nationality identification markings were not judicious. At the first parade on the day of the formation of Panzerregiment 1, there was just one identification mark – a lozenge in white for the I. Abteilung and in red for the II. Abteilung with the battalion number in black and white respectively. In Panzerregiment 1 at the start of 1936, the companies merely had consecutive numbers in white on the tank hull.

It was only during preparations for the invasion of the Sudetenland that the 'normal' three-digit numbers (the first digit indicating the company, second the platoon and, third, the tank's place in the platoon) were applied to the sides of the turrets. The company command tank had a number in the hundreds with two zeros while the remaining company leadership tanks and the reconnaissance platoon had a further, corresponding, sequence of numbers (e.g., 201, 202, etc.). The [Abteilung] command tanks had the turret markings I01 and II01, and the other tanks correspondingly continuous numbering. The regimental command tank carried the identification marking R01 ff.

The Balkenkreuz [straight-sided cross] was then added in preparation for the Polish campaign, initially fully in white and later in the final black and white version.

For Panzerregiment 1 it was traditional, so to speak, that until the end of the war the turret numbers were applied in white paint – larger in the early years and, later, noticeably smaller and sometimes with a thin black outline.

To start with, the division's symbol, the oak leaf, was painted in white; from 1941 this was in applied in yellow paint but it was dropped in 1942.

Zum Frankreichfeldzug wurde das Kreuz an den Wannenseiten aufgebracht, die Größe der Nummern und die Position des Eichenblatts (der 1. Panzerdivision) waren uneinheitlich.

For the French campaign, the Balkenkreuz was applied to the sides of the hull and the size of the numbers and the position of the oak leaf (the 1. Panzerdivision insignia) were standardized. (W,M)

Im Polenfeldzug trugen die Panzer am Turm sowohl die Nummern als auch das Hoheitsabzeichen, zunächst voll in weiß, später - weil zu auffällig - farblich abgedunkelt. Das Balkenkreuz war auch vorn am Turm oder der Wanne gemalt

In the Polish campaign, the tanks carried their numbers and the national emblem, the Balkenkreuz, painted completely in white on their turrets. Because it was too conspicuous it was darkened in colour. It was painted towards the front of the turret or on the hull. (O)

Als die 1. Panzerdivision auch über das Panzerregiment 2 verfügte, sah man sich gezwungen, bei der Kennzeichnung eine Unterscheidung festzulegen. Die Turmnummern bei diesem Verband hatten einen weißen Unterstrich. Dies wurde als zu auffällig erachtet. Zum Frankreichfeldzug entfiel dieser Strich, und es wurden lediglich weiße Punkte neben der Nummer angebracht.
Da die Panzer in der Panzerwerkstatt der Brigade stets gemischt herumstanden (und auch gelegentlich zusammen eingesetzt wurden), führte das in der Trivialliteratur häufig zu falschen Verbandszuordnungen.

When the 1. Panzerdivision also had Panzerregiment 2 at its disposal, it became necessary to distinguish between their identification markings. A white underscore was added to the turret numbers of this unit but this was considered too conspicuous and was dropped for the French campaign; white dots were instead painted next to the turret number. Because the tanks were often mixed around brigade's workshops (and also occasionally deployed together) this frequently led to them being incorrectly assigned to units in the trivial literature.

Auch 1943 in Griechen-
land (rechts) bzw. in Italien
(rechts unten) behielt das
Regiment die weißen
Turmnummern bei.

Also in 1943 when sent to
Greece (right photo) resp. in
Italy (bootom right) the
regiment retained the white
turret numbers. (B,A)

Zu Beginn des Russlandfeldzuges wurden den Divisionen spezielle
Kennungen in Runenform zugewiesen, die in gelber Farbe vorn links am
Wannenbug anzubringen waren und bis Ende 1942 in Gebrauch waren.
At the beginning of the Russian campaign the divisions were assigned special
identification marks in the form of runic symbols in yellow on the front left-
hand side of the hull. These remained in use until the end of 1942. (O)

Auch nach Zulauf der Pz.Kpfw. Panther änderte sich die Turmnummerierung nicht, die Nummern wurden dann auch mit dünnem schwarzen Rand ausgeführt

The turret numbers did not change with the arrival of the Pz.Kpfw. Panther but they were often executed with the addition of a thin, black border. (A)

Wie schon erwähnt, änderten sich die Sollgliederungen ausgesprochen häufig. Erst ab den KStN ab 1943 - basierend auf den Einsatzerfahrungen - kam man zu dauerhafteren Lösungen. Kern der beiden Abteilungen im Regiment waren die vier Panzerkompanien mit drei Zügen à fünf Wagen und zwei Chefpanzern. Neben einer Stabskompanie und einer Versorgungskompanie hatte jede Abteilung dann auch eine eigene Panzerwerkstattkompanie, zusätzlich zu den zehn 18 t Famo Zugkraftwagen waren dort im Soll auch zwei Bergepanther vorhanden. Die Stabskompanie verfügte über fünf Sd.Kfz. 251 und konnte - zusammen mit dem Nachrichtenund Aufklärungszug einen Gefechtsstand bilden. Der Regimentsstab hatte nun einen Nachrichtenzug, der die ursprüngliche Gruppe Führer ersetzte sowie einen Aufkärungszug mit vier Pz.Kpfw. IV. Ab 1944 wurde auch ein Fla-Zug mit Selbstfahrlafette Flakpanzer IV eingegliedert (zuvor auf Halbkettenfahrzeugen). Die Abteilungen hatten in der Stabskompanie ebenfalls je drei Flak auf Halbkettenfahrzeug im Soll.

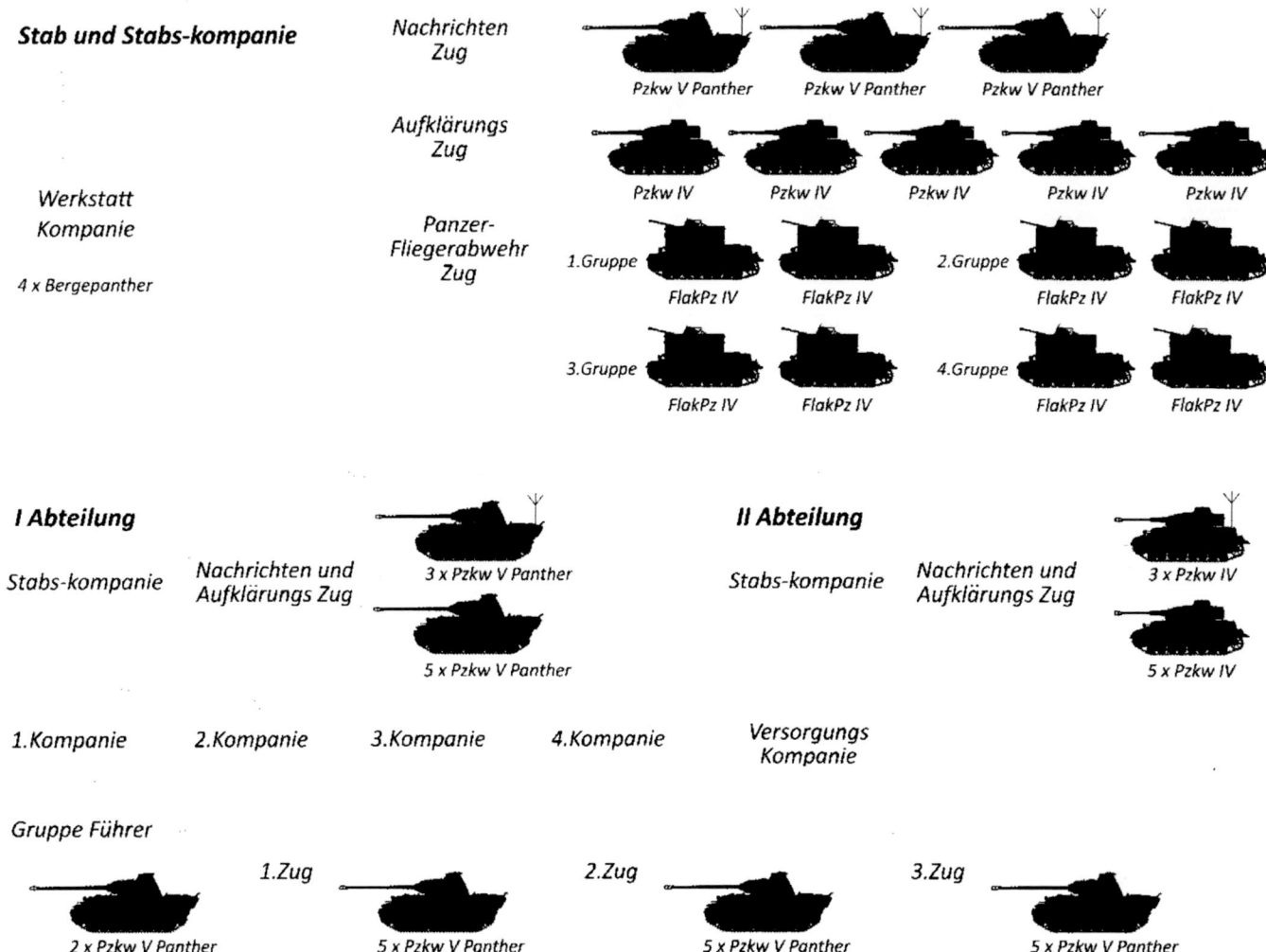

As previously mentioned, the target structure underwent frequent changes. It was only from 1943 that, based on combat experience, a lasting solution to the KStN was finally reached. At the core of each of the two Abteilungen in the regiment were four tank companies with three platoons, each consisting of five vehicles and two command tanks. Besides a Stabskompanie (staff company) and a Versorgungskompanie (supply company) every Abteilung had its own Panzerwerkstattkompanie (tank workshop company) in addition to ten 18-ton Famo prime movers and two Bergepanther (armoured tracked recovery vehicles) included in the official equipment target. The Stabskompanie had at its disposal five Sd.Kfz. 25 and could – together with the Nachrichten- und Aufklärungszug (signals and reconnaissance) platoon – form a command post.
The regimental headquarters then had a Nachrichtenzug – which replaced the original Gruppe Führer – as well as an Aufkärungszug with four Pz.Kpfw. IV. From 1944, a Fla-Zug (anti-aircraft platoon) with self-propelled Flakpanzer IV were incorporated (previously on halftrack vehicles). The Abteilungen likewise each had an authorized strength of three Flak units on halftracks in the staff companies.

Unabhängig von individuellen Kennzeichnungen führten die Führer von Verbänden und Einheiten auch sogenannte **Kommandozeichen**, auch „Stander" genannt. Der Regimentsstander (linkes Bild) war rechteckig mit zwei schwarzen Streifen und der Farbe der Waffengattung (Rosa für die Panzertruppe) in der Mitte. Die Panzerraute mit der 1 entfiel später. Der Stander des Abteilungskommandeurs (unten) war dreieckig mit der Waffenfarbe oben und unten. Die Kompanie-/Batteriechefs hatten zunächst nur inoffizielle Stander (links unten), später ebenfalls (kleinere) dreieckige mit dem Streifenmuster hochkant.

Regardless of the individual identification unit symbols, the leader of a Panzer unit also displayed a so-called Kommandozeichen (commander's emblem), also referred to as a 'Stander ' (pennant). The regimental pennant (left) was rectangular with two black stripes and coloured according to the service branch (pink for Panzer troops) in the centre. The lozenge with the '1' was dropped later. The Abteilung commander's pennant was triangular (above) with the branch-of-service colour above and below. The Kompanie-/Batteriechef (company/ battery commander) had at first an unofficial pennant (below left) and subsequently a (smaller) triangular one with the stripped pattern upended.

Mitte 1938 verlegte das Regiment nach Furth im Walde. Am 4. Oktober beginnend marschierte das Regiment über Wildental, Gießhübl-Sauerbrunnen, Klösterle, Komotau nach Truppschitz in Umsetzung des Münchener Abkommens. Im Herbst mussten erneut zwei Kompanien (1. und 8.) abgegeben werden. Während der Besetzung Böhmen und Mährens im März 1939 war das Regiment in Schlesien OKH-Reserve. (O)

In mid-1938 the regiment was transferred to Furth im Walde. Beginning 4 October, the regiment marched via Wildental, Gießhübl-Sauerbrunnen, Klösterle, Komotau to Truppschitz in accordance with the Munich Agreement. In autumn yet another two companies (1.and 8.) had to be handed over. During the occupation of Bohemia and Moravia, in March 1939, the regiment was in the OKH (Oberkommando der Wehrmacht/ Supreme Command of the Armed Forces) reserve in Silesia.

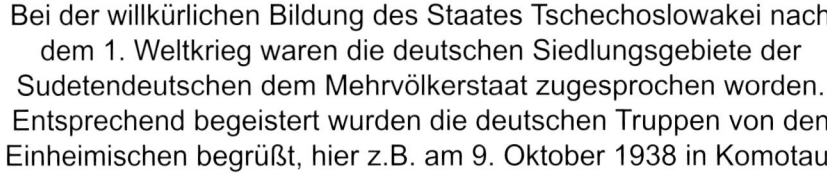

Bei der willkürlichen Bildung des Staates Tschechoslowakei nach dem 1. Weltkrieg waren die deutschen Siedlungsgebiete der Sudetendeutschen dem Mehrvölkerstaat zugesprochen worden. Entsprechend begeistert wurden die deutschen Truppen von den Einheimischen begrüßt, hier z.B. am 9. Oktober 1938 in Komotau.

In the arbitrary formation of the state of Czechoslovakia after the First World War, the settlements of the Sudetenland Germans had been awarded to the multi-ethnic state. Consequently, the German troops were enthusiastically greeted by the local population, as these photos, taken on 9 October 1938 in Komotau, show. (O)

Teile des Regiments nahmen am 20. April 1939 an der großen Parade in Berlin Unter den Linden anlässlich des 50. Geburtstags von Adolf Hitler teil. Bei allen Panzern war der Außenanstrich ausgebessert worden, jedoch noch keinerlei Abzeichen oder Nummern angebracht. (O)

On the 20th of April 1939, parts of the regiment took part in the great parade on in Unter den Linden, Berlin, on the occasion of the Hitler's 50th birthday. The external paint-work of the tanks was refreshed but no insignia or numbers were applied.

Nachdem Polen im Zuge der Danzig-Krise mobil gemacht hatte, verlegte die Masse der Wehrmacht an die polnische Grenze. Die Panzer des Regiments luden in Rosenberg aus und marschierten in ihre grenznahen Verfügungsräume. An den Radiogeräten lauschten die Soldaten mit Bangen den Nachrichtenmeldungen. Am Vortag des Feldzugs verlasen die Einheitsführer die Erklärung des Führers.

After Poland mobilized during the course of the Danzig Crisis, the bulk of the Wehrmacht transferred to the Polish border. The regiment's tanks detrained in Rosenberg and marched to their assembly areas. On their radios, the soldiers listened anxiously to news reports. On the eve of the campaign, the unit leaders read out the Führer's statement. (O)

Der Feldzug in Polen

Bei Beginn des Polenfeldzuges bestand das Regiment aus sechs Panzerkompanien mit insgesamt 150 Kampfwagen. Die 1., 3. und 5. Kompanie waren gemischt mit (insgesamt je 19) Panzer I und II ausgestattet. Die 2. Panzerkompanie war die einzige mit Panzer III ausgestattete in vier Zügen a drei sowie zusätzlich je einen Panzer II, einem leichten Zug mit vier Panzern II und einem Chefpanzer III. Die 4. und 6. Kompanie waren mit 13 bzw. 14 Panzer IV ausgestattet verteilt. Auffällig war, dass sie unterschiedlich gegliedert waren, und zwar hatte die 4. drei reinrassig ausgestattete Züge von je vier Panzer IV, einem leichten Zug mit fünf Panzer II, dem Chefpanzer IV sowie zwei weitere Panzer II. Die 6. hatte vier Züge mit je drei Panzer IV und einem Panzer II sowie zwei Chefpanzer IV.

Die Gruppen Führer des Regiment bzw. der beiden Abteilungen hatten je einen Pz.Bef.W. III sowie jeweils einen Aufklärungszug aus fünf Panzer II bzw. I und II gemischt in den Abteilungen Der Regimentskommandeur hatte einen Panzer IV („I01").

Der Aufmarschraum war im August 1939 um Walenczow. Das Regiment stieß über Petrikau bis auf Gora Kalwarja südl. Warschau vor. Anschließend kam es ab 16.09. zu Kämpfen an der Bzura. Teile des Regiments (1. Kompanie) nahmen an der Abschlussparade in Warschau am 5. Oktober teil. Bis zum 12. Oktober erfolgte der Rücktransport in die Heimatstandorte.

The Polish campaign

At the beginning of the Polish campaign the regiment consisted of six Panzer companies with a total of 150 combat vehicles. The 1., 3. and 5. Kompanie were mixed, each with a total of 19 Panzer I and IIs. The 2. Panzerkompanie was the only one equipped with Panzer IIIs, in four platoons of three each with an additional Panzer II, and a light platoon with four Panzer IIs and a Panzer III command tank.

4. and 6. Kompanie were equipped with 13 and 14 Panzer IVs respectively. It is worth noting that these were structured differently:

4. Kompanie was equipped with three pure-bred platoons each with four Panzer IVs, a light platoon with five Panzer IIs, a Panzer IV command tank and two further Panzer IIs whereas 6.Kompanie had four platoons each with three Panzer IVs and one Panzer II as well as two Panzer IV command tanks.

The regimental Gruppe Führer and the two respective Abteilungen each had one Pz.Bef.W. III (Panzer III command tank) as well as an Aufklärungszug consisting of five Panzer IIs or a mixture of Panzer I and IIs distributed amongst the Abteilungen. The regimental commander had one Panzer IV ('I01').

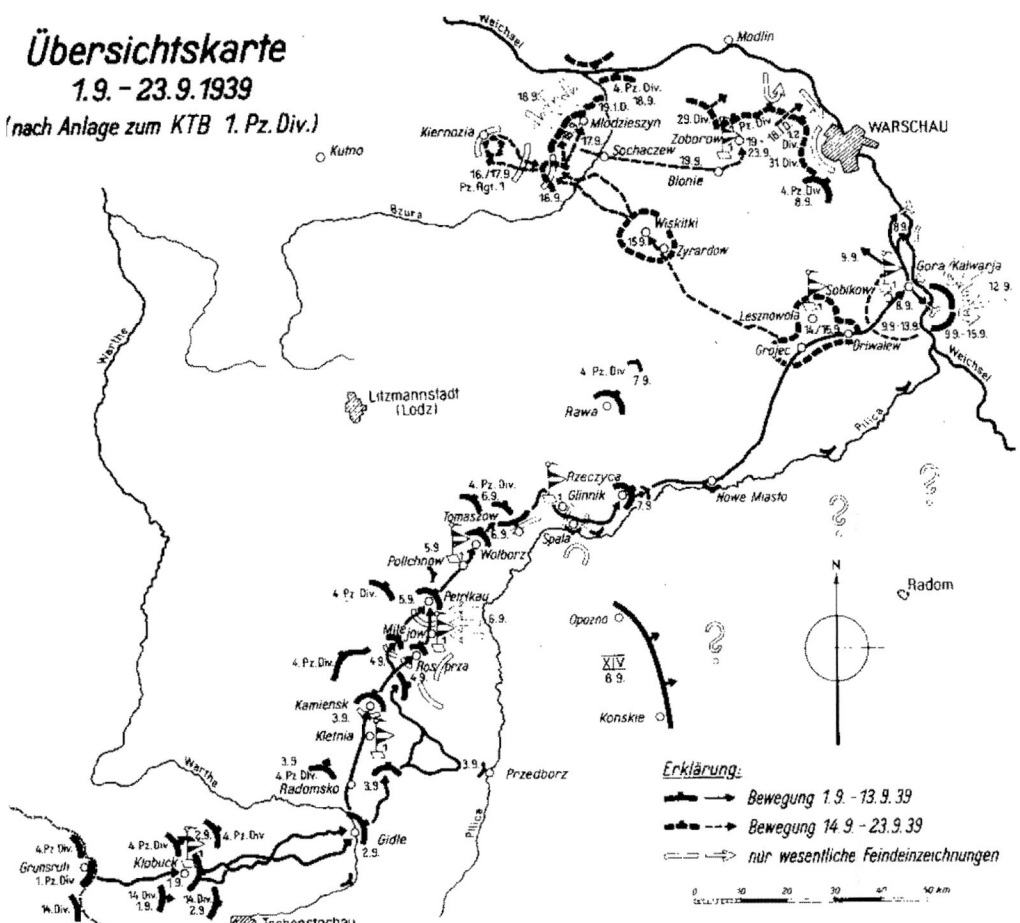

Übersichtskarte 1.9. – 23.9.1939 (nach Anlage zum KTB 1. Pz.Div.)

Erklärung:
- Bewegung 1.9. – 13.9.39
- Bewegung 14.9. – 23.9.39
- nur wesentliche Feindeinzeichnungen

49

The assembly area in August 1939 was around Walenczow. The regiment advanced from Petrikau to Gora Kalwarja, south of Warsaw and subsequently engaged in combat, from 16 September, at the River Bzura. Parts of the regiment (1. Kompanie) took part in the parade in Warsaw on 5 October. The return transport to the home bases took place until the 12 October.

Am Morgen des 1. September 1939 verlassen die Kompanien die Bereitstellung und versammeln auf den Straßen zur Grenze, die Panzer III und IV tunlichst vorn, die anderen eher dahinter! (O)

On the morning of 1 September 1939, the companies left the preparation area to gather on the roads to the border with, where possible, the Panzer III and IVs at the front and the other tanks following on behind!

Um 11.50 Uhr wird die Grenze überschritten, die Kompanien entfalten sich im freien Gelände und greifen an.

At 11.50 am they cross the border; the companies deploy and attack in the open terrain.

Den Angriffskräften voraus klären die leichten Panzer auf, die auffälligen Markierungen wurden bald entfernt oder abgedunkelt. (O)

The light tanks reconnoitre the attacking forces; conspicuous markings were soon removed or darkened.

Dieses Luftbild verdeutlicht das taktische Manko der leichten Panzer. Mit geringer Waffenreichweite können sie vorstoßende Panzer nicht weitreichend überwachen.

This aerial image clearly illustrates the tactical shortcomings of light tanks. With the limited range of their weapons they are unable to cover advancing tanks at any great distance.

Hauptnachteil der leichten Kampfwagen war ihr niedriges Schutzniveau. Die dünnen Stahlplatten wurden bereits durch Projektile mit kleinem Kaliber durchschlagen. Verheerende Explosionen im Innenraum z.B. nach Bomben- oder Artillerietreffern waren überaus häufig, mit geringen Chancen für die Besatzung. (O)

The chief disadvantage of light tanks was their low level of protection. Their thin steel plates were easily penetrated by small-calibre weapons. Devastating explosions in the interior, for example following bombing or artillery hits, were very common giving the crew little chance of survival.

52

Aber auch die besser gepanzerten Panzer III wurden durch PaK und Artillerie im direkten Richten aus allen Richtungen bekämpft. Häufige Ausfallursache waren auch Treffer im Laufwerk. Die (noch) kleinen Einschüsse zeigen, dass zu Kriegsbeginn die Waffenkaliber gering waren. Dies sollte sich rasant ändern!

The better-armoured Panzer III was also engaged by direct fire from anti-tank guns and artillery from all directions. A common cause of breakdown was a hit to the running gear. The points of entry show that at the beginning of the war the calibre of the weapons used against them was still small. This would soon change!

Bereits in der ersten Einsatzwoche hatte das Regiment Gefallene zu beklagen. Für derart stilvolle Beisetzungen blieb in späterer Zeit oft nicht die Zeit... (O)

Even during the first week of deployment the regiment had casualties to mourn. Later, there would be no time for such stylish burials.

Da die Wehrmacht von Beginn an die Luftherrschaft erlangte, konnten sich Verbände ohne große Auflockerung versammeln oder ungestört Gräben und Flussläufe überqueren.

In the beginning, because they could rely on German air superiority, the Wehrmacht could gather without dispersing, or cross ditches and rivers without being disturbed.

Auch wurden viele Ortschaften gänzlich ohne Feindwiderstand genommen, selbstredend ging dann die Truppe zur Rundumsicherung über.

Also, many settlements were taken without enemy opposition; the troops then went over to securing the perimeter.

Die polnische Panzerwaffe hatte eine ähnliche Mischausstattung aus leichten und mittleren Kampfwagen. Anders als bei der Wehrmacht wurden sie aber fast nie massiert eingesetzt. Viele wurden durch Flieger ausgeschaltet.
The Polish armoured forces had a similar mixed provision of light and medium tanks but, unlike in the Wehrmacht, they were almost never deployed in concentration. Many were wiped out by German aircraft. (O)

Unzureichend war die Ausstattung mit Bergefahrzeugen, so dass sich die Panzer in der Regel mit Hilfe von Bergeseilen gegenseitig abschleppten bzw. entsprechende Fremdhilfe beim Bergen vonnöten war.
There was insufficient provision of recovery vehicles so that that the tanks usually towed each other with the help of cables or were recovered with 'outside' help if necessary. (O)

Die raschen operativen Erfolge der deutschen Stoßkeile hatten zur
Folge, dass es oft tagelang zu keinen schweren Gefechten kam.

The rapid operational successes of the German spearhead meant that often
there were days with no heavy combat

Neu waren die Erfahrungen im
Umgang mit großen Mengen an
Kriegsgefangenen und mit der
Bevölkerung in einem Feindes-
land. Anschläge der rückwärtigen
Dienste erteilten entsprechende
Verhaltensregeln. (O)

Dealing with great crowds of prisoners of war and the population in an
enemy country was a new experience. Accordingly, announcements
displayed by the rear services disse-
minated an appropriate code of
conduct.

Bis zum 12. Oktober 1939 erfolgte von den Verladebahnhöfen um Lodz der Rücktransport in die Heimat. Beim Einladen des Panzerkampfwagens II Ausf. A „243" ist zu sehen, dass es nach Verlusten üblich war, Umgliederungen vorzunehmen und auch Turmnummern abzuändern (vergleiche hierzu das Foto auf Seite 53).
Auf dem Foto unten beim Ausladen in Erfurt ist ein weiteres interessantes Detail zu erkennen. Die nicht mehr einsatztauglichen Wannen der Panzer I wurden nach und nach als Karetten und Munitionsschlepper „aufgebraucht". (O)

Until 12 October 1939, transport home was carried out at loading stations around Lodz. It was customary after losses to restructure units and to change turret numbers, as can be seen in this photo of Panzerkampfwagen II Ausf. A '243' during loading
(compare this with the photo on page 53).
A further interesting detail can be seen in the photo (below) of unloading in Erfurt. Panzer I hulls that were no longer fit for combat were gradually 'used up' as trailers and ammunition carriers.

Frankreichfeldzug

Schon im Dezember 1939 erfolgt der Transport des Regiments in das nördliche Sauerland. Anfang März 1940 verlegte die Division dann in die südliche Eifel.

Beim Angriff auf Frankreich gehörte die Division im Rahmen des XIX. Pz.Korps (Guderian) zur Panzergruppe Kleist und stieß ab dem 10. Mai über Sedan, Rethel und Amiens bis zum 24. Mai an den Kanal vor.

Bei Beginn dieser Kämpfe bestand das Regiment aus je zwei Panzerkompanien mit Panzerkampfwagen III (2. und 7. Kompanie) und Panzer IV (4. und 8. Kompanie) mit je drei Panzerzügen aus drei oder vier Panzern, zum Teil ergänzt durch Panzer II sowie vier leichten Kompanien mit je drei Zügen Panzer I und II. Die Gruppen Führer waren gemischt, d.h. Panzer III/IV und Panzer II. Da das Regiment einen klaren Unterbestand zum Soll hatte (fast 30 Panzer bei Sollstärke von 17 pro Kompanie bzw. fast 70 bezogen auf Kompaniestärken von jeweils 22 Wagen), waren die internen Gliederungen in den Kompanien völlig uneinheitlich.

Bei der zweiten Phase des Frankreichfeldzuges überquerte das Regiment am 10. Juni 1940 die Aisne und stößt über St. Dizier, Chaumont, Gray sur Saone auf die schweizer Grenze zu, die am 16. Juni bei Besancon erreicht wird; weiterer Vorstoß nach Nordosten bis auf Belfort.

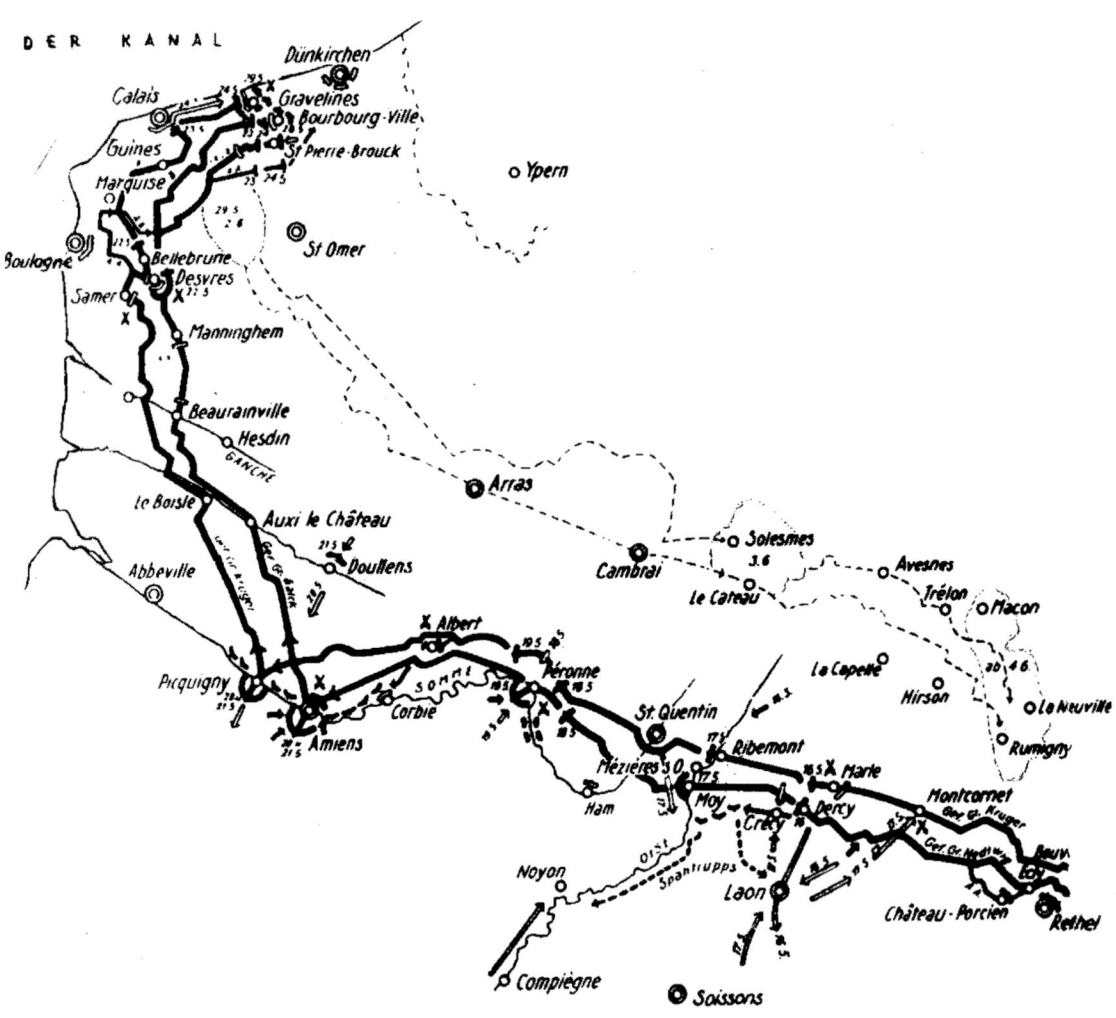

In den Bereitstellungsräumen im Westen wurden die Fahrzeuge vorrangig in großen Hallen abgestellt, zum einen zum Winterschutz, zum anderen um die Stärken zu verschleiern. (O)

In the assembly areas in the west, the vehicles were stored mainly in large halls – firstly for winter protection and secondly to conceal their strength.

Auch die Chefpanzer in den leichten Kompanien sowie der der Kommandeure waren Panzer III, hier der des Divisionskommandeurs. Die Anbringung des Divisionszeichens war uneinheitlich.

The command tanks in the light companies as well as of the commanders were also Panzer IIIs, in this case we see the tank belonging to the division commander. The divisional markings were inconsistently applied.

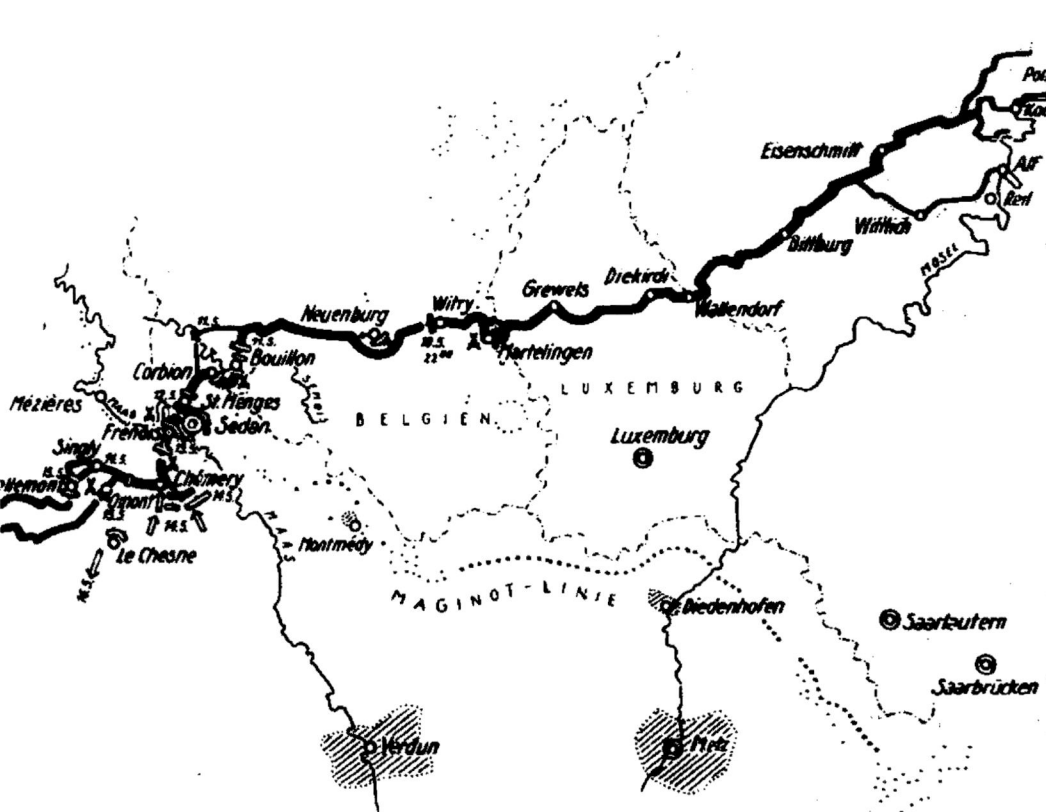

French Campaign

As early as December 1939, the regiment was transported to northern Sauerland [part of North Rhine-Westphalia]. At the beginning of March 1940, the division moved to the southern Eifel area.

During the attack on France, the division was subordinated to Panzergruppe Kleist within the framework of the XIX Pz.Korps (Guderian) and on 10 May thrust through Sedan, Rethel and Amiens to the English Channel by 24 May.

At the beginning of these battles the regiment consisted of two Panzer companies with Panzerkampfwagen IIIs (2. and 7. Kompanie) and two with Panzer IVs (4. and 8. Kompanie) each company with three platoons of three or four tanks, in part supplemented with Panzer IIs, as well as four light companies each with three platoons of Panzer I and IIs. The leadership groups (Gruppen Führer) were mixed units, that is to say with Panzer III / IVs and Panzer IIs. Because the regiment was clearly below its target strength (almost 30 tanks in an authorized strength of 17 per company or almost 70 in relation to a target strength of 22 tanks per company) the internal structure of the companies was completely inconsistent.

During the second phase of the French campaign, the regiment crossed the River Aisne on 10 June 1940 and thrust through St. Dizier, Chaumont, Gray sur Saone towards the Swiss border which was reached on 16 June at Besancon ; another advance took place to the north-east as far as Belfort.

Vor dem Frankreichfeldzug wurden die 7. und 8. Panzerkompanie wieder aufgestellt, hier im Bild ein Panzer III der 7. Kompanie des Führers des II. Zuges. (W)

Before the French campaign 7. and 8. Panzerkompanie were reformed. In this photo we see a Panzer III belonging to commander of the II. Zug (platoon) of 7. Kompanie.

Das halbe Jahr bis zum Frühjahr 1940 wurde intensiv für die Ausbildung genutzt. Hier ist der Panzerbefehlswagen des Kommandeurs der Panzerbrigade 1 mit der Kennung „B01" zu sehen beim Durchwaten eines Baches. (W)

The six months leading up to spring 1940 was used intensively for training. Here we see the command tank belonging to the commander of Panzerbrigade 1 with the identification sign 'B01' as it fords a creek.

Bei Wallendorf wird von der Spitze des Regiments die Grenzbrücke über
die Sauer nach Luxemburg überquert. (O)

Here, the frontier bridge near Wallendorf is negotiated by the regiment's
vanguard as it crosses the River Sauer into Luxemburg.

Den Angriffskräften voraus hatten Infanterie die Grenzbefestigungen genommen, und
die begleitenden Pioniere die Straßenblockaden aus Beton gesprengt, so dass die
Panzer freie Fahrt haben. Auf dem Fahrzeugheck tragen viele Panzer Knüppelstege
zum Überschreiten von kleinen Gräben und Bachläufen. (O)

The border fortifications had been taken by the infantry and the accompanying
engineers had blown up the concrete road blocks to clear the way for the tanks.
The log bundles carried on the rear of many of the tanks enabled them to cross small
ditches and waterways.

Der Transport von Holzdämmen auf dem Heck ließ nicht selten den Motor überhitzen! Nicht gefeit hingegen war der Chefpanzer 5. Kompanie (unten) gegen Minentreffer. (O,M)
Carrying bridge timbers on the rear of the tanks often caused the engine to overheat! The command tank belonging to 5. Kompanie was not immune to mine blast.

Größere Flusse konnten nur mit Hilfe von Pontonbrücken der Pioniere bewerkstelligt werden, wie z.B. über die Maas bei Sedan (unten). (O)
Larger river crossings could only be achieved with the aid of pontoon bridges built by engineers, for example this one (below) over the River Maas near Sedan.

Durch den schnellen Vorstoß der Panzergruppe Kleist wurden viele Feindkräfte durchstoßen und ausflankiert. Entsprechend groß war der Anfall an Gefangenen. (O)

The rapid advance of Panzergruppe Kleist broke through, and outflanked, many enemy forces and a correspondingly large number of prisoners were taken.

Auf den engen Waldwegen in den Ardennen kam es zu zahlreichen frontalen Zusammenstößen mit Feindpanzern, da sie gut getarnt durch die eigenen Flieger nicht bekämpft werden konnten, wie später in überwiegend offenem Gelände. (O)

On the narrow forest roads in the Ardennes there were numerous head-on confrontations with well-camouflaged enemy tanks that, unlike later in more open terrain, could not be engaged by German pilots.

Dank der eigenen Luftüberlegenheit standen die deutschen Panzer zumeist ungetarnt und auch in offenem Gelände herum; nicht immer ging das gut... (M)

Thanks to German air superiority, their own tanks were generally not camouflaged – even in open countryside.
But that did not always turn out well...

Die französischen Gegner waren nämlich sowohl zahlenmäßig als auch vom Schutz und der Waffenwirkung her überlegen. Das Bild eines erbeuteten B1bis mit der beeindruckenden Menge an (auch großkalibriger) Munition belegt dies. (M)

The French opponents, in well protected positions, were much superior in terms of numbers and the effectiveness of their weapons as is verified by this photo of a captured B1 with its impressive inventory of (large calibre) ammunition.

In der zweiten Phase des Frankreichfeldzuges - nach dem „Sichelschnitt" - mussten große Entfernungen in relativ kurzer Zeit zurückgelegt werden, bei deutlich geringerem Feindwiderstand, vorbei an aufgegebenen und maßgeblich durch Flieger zerstörten Fahrzeugen. Durch diese wurden die Panzer permanent unmittelbar unterstützt, so dass alle Fahrzeuge deutlich sichtbare Fliegersichtzeichen trugen und auch zum Teil die Hoheitsabzeichen auf das Turmdach gemalt wurden. (O,O,M)

During the second phase of the campaign in France, with considerably less enemy resistance after the 'Sichelschnitt' (sickle cut), great distances had to be covered in a relatively short period, past abandoned vehicles and vehicles that had been destroyed mainly by [German] aircraft. In doing so, the tanks were constantly and closely supported – all vehicles carried identification markings clearly visible to pilots and sometimes the national emblem was also painted on the turret roof.

Bei den Gewaltmärschen blieben viele Schäden (wie z.B. am Triebwerk) nicht aus. Nicht wirklich kampfentscheidend aber wichtig für die Moral: die (etwas chaotische) Feldpostausgabe (unten). (W,O)

During forced marches there was inevitable damage, for example, to engines. The somewhat chaotic issue of the army post, although not decisive to combat was however important for morale (below).

Aufgrund des raschen deutschen Vormarsches musste der Feind auch viele Fahrzeuge aufgrund Kraftstoffmangel oder technischen Schäden aufgeben. Letzte Reserven - wie veraltete WK I-Panzer FT-17 - kamen zu spät. (O)

Because of the rapid German advance the enemy also had to abandon many vehicles due to lack of fuel or technical damage. The last reserves – such as this outdated FT-17 tank from WW1 – came too late.

Nach dem Waffenstillstand gingen die Besatzungen (fast) zum Friedensdienst über. Es war Zeit für die dringende Wartung und Instandsetzung des beanspruchten Großgeräts. Derart günstige Rahmenbedingungen sollte sich bei Operationen in der zweiten Kriegshälfte nicht mehr ergeben. (W)

After the ceasefire the crews (almost) went over to peacetime duties. It was time for urgent maintenance and repair work on major items of equipment. Such favourable conditions would not arise during operations in the second half of the war.

Im Sommer führte das Regiment Beschuss-untersuchungen an erbeuteten französischen Panzern durch und gewann wertvolle Erkentnisse (auch im Bezug auf die eigenen Schwächen). (O)

In the summer, the regiment carried out shooting trials on captured French tanks and gained valuable knowledge (also in relation to their own weaknesses).

Nach dem Frankreich-Feldzug werden erneut Einheiten und Führer zur Bildung anderer Verbände herausgelöst.
Ab 5. September 1940 erfolgt die Verlegung nach Ostpreußen.
Mit Wirkung 20.10.1940 verlässt das Pz.Rgt. 2 die 1. Pz.Div. und tritt zur 16. Pz.Div.; die Panzerbrigadegliederung wird aufgelöst.

After the campaign in France, detachments and leaders were once more removed from their units for training other formations.
The transfer to East Prussia took place from 5 September 1940.
With effect from 20 October 1940, Pz.Rgt. 2 left the 1. Pz.Div. and joined the 16. Pz.Div.; the Panzerbrigade structure was dissolved.

Im September wurde das Regiment per Eisenbahn abtransportiert, nicht zurück nach Erfurt sondern nach Ostpreußen...! (W)

In September the regiment was transferred by rail, not back to Erfurt but to East Prussia...!

Standort in Ostpreußen war für das Regiment Zinten. Dort fanden die Einheiten ähnlich gute Bedingungen vor wie in Erfurt für Unterbringung und Ausbildung. Im Oktober 1940 wurden - per Losentscheid - die 5. und 6. Kompanie an andere Verbände abgegeben. Trotz dieser Reduzierung behielten die anderen Kompanien ihre Ziffer bei, wie z.B. (unten rechts) die 7. Kompanie im Technischen Bereich vor dem Ausrücken zur Ausbidung Anfang 1941. (W)

The regiment was garrisoned in Zinten, East Prussia, where the conditions for accommodation and training were just as good as in Erfurt. In October 1940 – by drawing lots – 5. and 6. Kompanie were handed over to other formations. Despite this reduction in strength, the remaining companies retained their numbering, as for example 7. Kompanie shown here (bottom right) in the technical area before their withdrawal for training at the beginning of 1941.

70

Der Russlandfeldzug

Bei Beginn des Unternehmens Barbarossa bestand das Regiment aus vier mittleren und zwei leichten Panzerkompanien. Letztere waren die 1. und 4. Kompanie, ausschließlich mit Panzer II ausgestattet; die restlichen Panzer I hatte man erst gar nicht mit nach Ostpreußen genommen. Mit Panzerkampfwagen III ausgestattet waren die 2., 3. und 7. Kompanie, die Panzer IV waren in der 8. Kompanie. Alle Kompanien hatten die Grundgliederung mit drei Zügen à fünf Panzern und zwei Chefpanzern. Die mittleren Kompanien hatten zunächst noch einen leichten Zug mit fünf Panzerkampfwagen II.

Das Regiment stieß von Ostpreußen über das Baltikum bis nach Leningrad vor. Ab dem 16.09.41 wird die Division herausgezogen und zur Heeresgruppe Mitte verlegt.

The Campaign in Russia

At the start of Unternehmen Barbarossa (Operation Barbarossa) the regiment consisted of four medium and two light tank companies, the latter being 1. and 4. Kompanie which were equipped exclusively with Panzer II tanks; the remaining Panzer Is were not taken to East Prussia. 2., 3. and 7. Kompanie were equipped with Panzerkampfwagen IIIs while the Panzer IVs were in 8. Kompanie. Every company had a basic structure of three platoons of five tanks and two command tanks. The medium companies at first still had one light platoon with five Panzerkampfwagen IIs. The regiment struck out from East Prussia across the Baltic region towards Leningrad. As of 16 September 1941, the division was pulled out and transferred to Heeresgruppe Mitte (Army Group Centre).

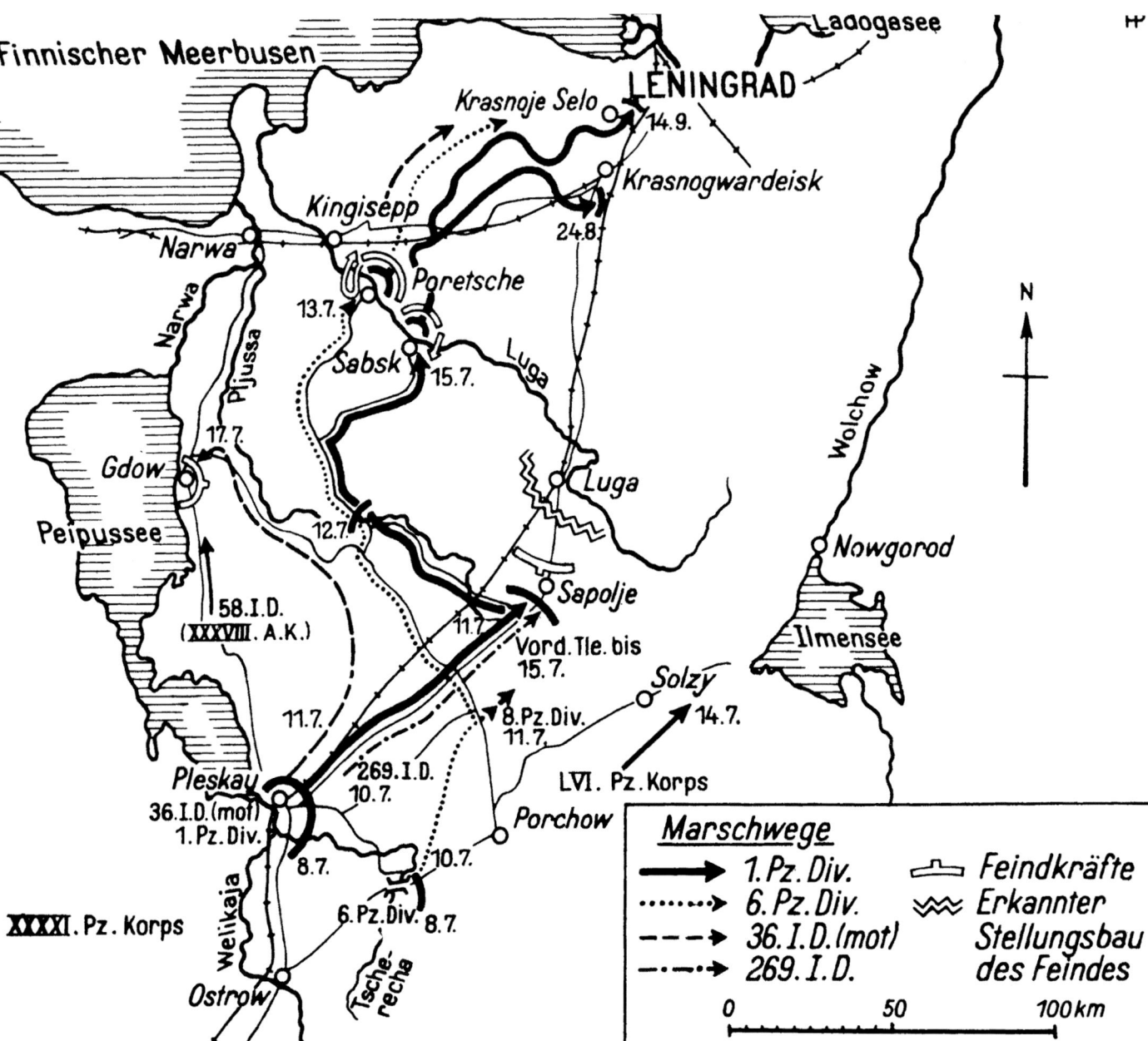

The map shows the location of enemy forces (Feindkräfte) and identified enemy emplacements (Erkannter Stellungsbau).

71

At the beginning of the advance, enemy resistance was rather weak; movements on roads could be carried out at will under German air superiority. The population in the Baltic States greeted the German troops as liberators.

Zu Beginn des Vormarsches war der Feindwiderstand eher gering; die Bewegungen konnten beliebig im Zuge der Straßen unter eigener Luftherrschaft erfolgen. Die Bevölkerung der baltischen Staaten begrüßte die deutschen Truppen als Befreier. (O)

In den folgenden Wochen mussten immer wieder getarnte Panzerfallen sowie zum Teil verminte Gräben überwunden werden. Die Bergung gestaltete sich bisweilen sehr zeitaufwändig. (O)

In the following weeks, camouflaged tank traps as well as mined ditches had to be negotiated. Recovery was sometimes very time-consuming.

In großer Zahl eingesetzt wurde beim Feind eine Mehrzweckkanone mit dem Kaliber 7,62 cm, die sowohl im direkten Richten als auch mit indirektem Feuer eingesetzt werden konnte. Sie hatte eine hohe Mündungsgeschwindigkeit, so dass der Mündungsknall erst deutlich nach dem Einschlag hörbar war. Entsprechend wurde die Waffe von den Landsern „Ratsch-Bumm" genannt.

Nach rund einer Woche kam es dann auch immer häufiger zu Gefechten Panzer gegen Panzer mit gewohnter Trefferwirkung und Ausfällen. Links muss beim „714" nach schwerem Treffer auf der Kanonenblende der Turm abgehoben werden, um die komplette Waffenanlage auszutauschen. Panzergefechte bei Nacht (rechtes Bild) waren damals eher die Ausnahme wegen nicht vorhandener Sichtmittel. Bei diesem Panzer IV der 8. Kompanie ist ein interessantes Detail zu sehen. Um den Schutz des Fahrers zu erhöhen, wurde mit Truppenmitteln ein zusätzliches Blech vorgesetzt. (O)

The enemy used multi-purpose 7.62 cm calibre cannons in great numbers for both direct and indirect firing. They had a high muzzle-velocity which meant that the muzzle blast could be heard only after the impact of the shell. Consequently, the German soldiers referred to this weapon as a 'Ratsch-Bumm'.

After about a week, tank against tank engagements became more frequent as did the effect of shell impacts and breakdowns. On the left, the turret of the '714' has to be removed after a heavy hit to the gun mantle in order to replace the complete weapon installation.

Heavy fighting at night (right) was the exception because of the sighting devices available at the time. An interesting detail can be seen in this Panzer IV belonging to 8. Kompanie. In order to increase protection for the driver, an additional steel plate has been provided from the unit's own resources.

Again and again in the Baltic area, bigger or smaller rivers had to be crossed with the help of either pontoon bridges floated into position by engineers or, in the case of shallow waterways, by wading routes. In such cases the submerged ground first had to be reconnoitred as in this picture – taken at the River Luga at the end of July 1941 – of the light platoon belonging to 3. Kompanie.

Immer wieder mussten auch im Baltkum größere oder kleinere Flussläufe überwunden werden, entweder mit Hilfe von durch Pioniere eingeschwommenen Pontonbrücken oder aber - bei seichtem Wasserstand - in Form von Watdurchfahrten.
Dabei sollte zuvor der Untergrund erkundet werden, wie hier durch den leichten Zug der 3. Kompanie an der Luga Ende Juli 1941. (O)

Ziemlich genau lässt sich der Standort dieses Panzers (rechts) bestimmen: u.a. 75 km entfernt von Leningrad anhand eines typischen Schilderwaldes im rückwärtigen Gebiet. Die Truppe selbst unternahm Maßnahmen, um den ballistischen Schutz zu erhöhen, wie hier bei einem Panzer III des Aufklärungszuges der I. Abteilung durch zusätzliche Platten seitlich am Turm und vorn am Wannenkasten. (O)

The location of this tank (right) can be determined quite accurately: among other things it is 75 km from Leningrad next to a typical forest of signage in the rear area. The unit's soldiers undertook measures themselves to enhance their ballistic protection – such as on this Panzer III belonging to the reconnaissance platoon of the I. Abteilung – by the addition of plates on the side of the turret and on the front of the hull.

Bedingt durch Ausfälle erfolgten in den Kompanien häufig Umzifferungen, wie hier bei der 7. Kompanie, nachdem der zweite Chefpanzer verloren ging und ein Panzer II die ursprüngliche Nummer „701" erhielt.

Beginnend 1941 erhielten die Verbände der Division zunehmend gepanzerte Halbkettenfahrzeuge, wie hier das Artillerieregiment. Auch das Schützenregiment wurde nach und nach mit SPW ausgestattet und wurde im Laufe des Jahres 1942 dann zur legendären Panzergrenadiertruppe, die in der Lage ist, Panzer unmittelbar zu unterstützen.

As a result of losses, the tank companies frequently carried out renumbering, such as here in 7. Kompanie after the second command tank was lost and a Panzer II was allocated the original number '701'.

Beginning in 1941, the division's combined arms units, such as the artillery regiment, received a growing number of armoured halftracks. The Schützenregiment (infantry regiment) was also gradually equipped with armoured personnel carriers (SPWs) and in the course of 1942 it became the legendary Panzergrenadiertruppe which was then able to directly support tanks.

Einsatz bei der Heeresgruppe Mitte

Ab dem 16.09.41 wird die Division herausgezogen und zur Heeresgruppe Mitte verlegt und stößt ab dem 2. Oktober bis Kalinin vor. Der weitere Angriff in Richtung Moskau muss aufgrund der großen Ausfälle und auch wetterbedingt abgebrochen werden; Ausweichen auf den Ruza-Abschnitt.
1942 folgten schwere Kämpfe bei Rshew, Olenin und Bjeloy.
Am 19. Juni 1942 wird die I. Abteilung ausgegliedert und zur Panzerabteilung 116 umbenannt (ab 11.07.42 zur 16. Pz.Gren.Div. beordert), die II. Abteilung wird zur I. Abteilung umbenannt.
Am 15. Juli 1942 bestand das Regiment nur aus drei Panzerkompanien, einer mit nur 7 Panzerkampfwagen IV („aufgefüllt" durch 10 Panzer 38 (t) und zwei Kompanien mit je zwei Zügen Panzer III.
Ende Dezember 1942 beginnend wird die 1. Pz.Div. aus der Front herausgelöst und bis Mitte Februar 1943 nach Frankreich in den Raum westlich von Rennes verlegt.

Deployment with Army Group Center

From 16 September 1942, the division was withdrawn and transferred to Heeresgruppe Mitte and then from 2 October it advanced to Kalinin. Because of heavy loses, and also the weather conditions, a further attack in the direction of Moscow had to be cancelled; the division was switched to the Ruza sector.
During 1942, intense fighting ensued in Rshew, Olenin and Bjeloy.
On 19 June 1942, the I. Abteilung was detached and renamed Panzer Abteilung 116 (and summoned to the 16. Pz.Gren.Div. on 11 July 1942). The II. Abteilung was then redesignated as the I. Abteilung. On 15 July 1942 the regiment consisted of only three tank companies one of which had only seven Panzerkampfwagen IVs ('topped up' with ten Panzer 38 (t)s and two companies each with two platoons of Panzer IIIs) .
Beginning at the end of December 1942, the 1. Pz.Div. was withdrawn from the frontline and transferred to the area west of Rennes, France, until mid-February 1943.

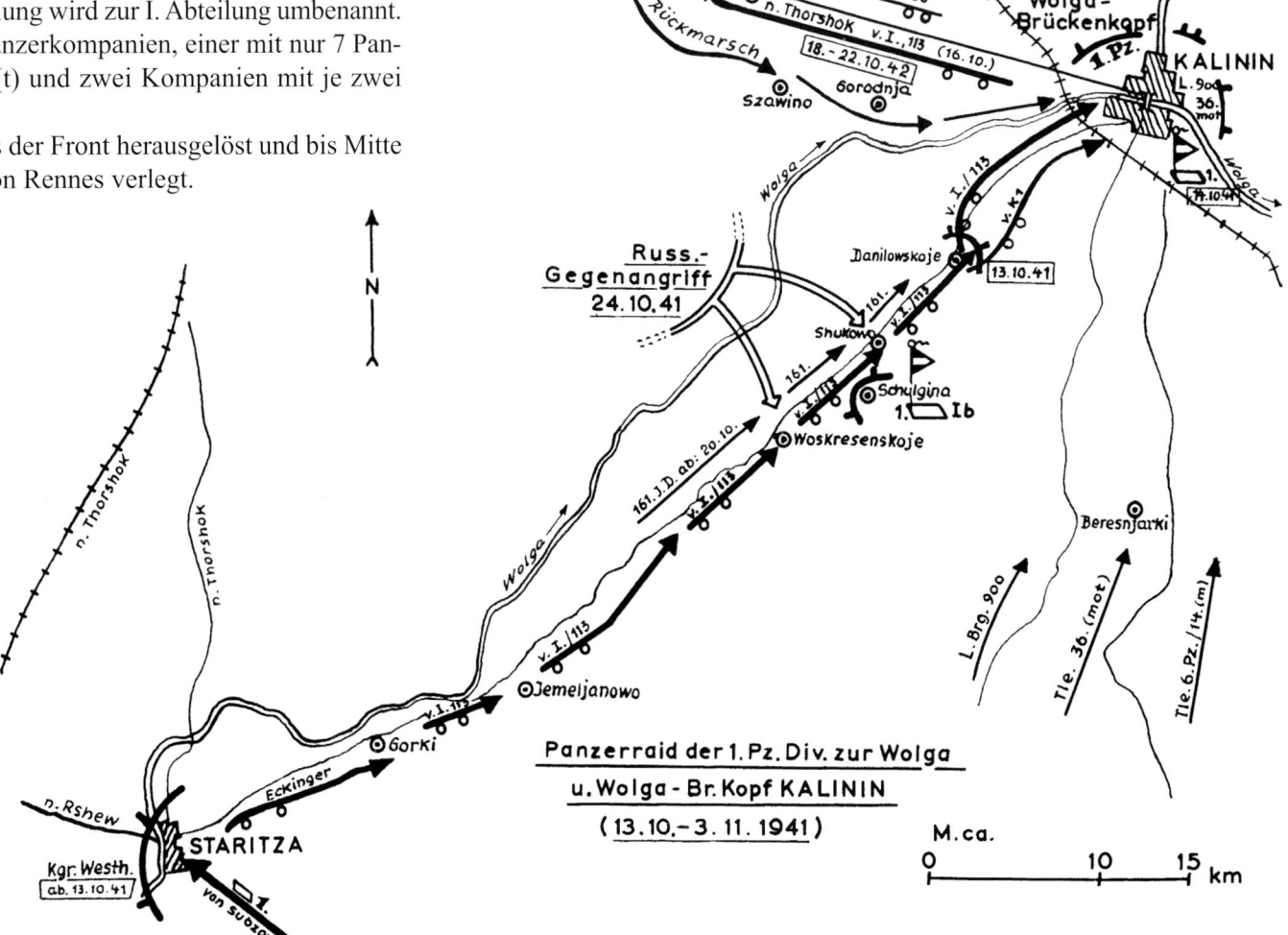

Panzerraid der 1. Pz. Div. zur Wolga
u. Wolga - Br. Kopf KALININ
(13.10.–3.11.1941)

In the sector of HGr Mitte, the tanks were operating partly in more open terrain. German air superiority was not complete and the use of camouflage became important in the assembly areas.

Im Raum der HGr Mitte operierten die Panzer in zum Teil deutich offenerem Gelände. Nicht ständig war die eigene Lufthoheit gegeben, so dass in Verfügungsräumen Tarnung wichtig wurde.

Because of the great distances to be covered, technical failures and fuel supply presented an almost insurmountable challenge. The daily strength of available tanks sometimes sank below ten vehicles!

Bei den großen zurückzulegenden Entfernungen waren die Betriebstoffversorgung und die technischen Ausfälle kaum zu bewältigende Herausforderungen. Die Tagesstärke der verfügbaren Panzer sank zum Teil unter zehn Wagen!

German soldiers!
Other of your comrades get to
our camp. German commandors
say not right. Your comrades
live in Sovetunion very good.
We do not shoott. Walk after this
lane, but not wear his field pilot
on the head – this is parol.

Viel zu früh, nämlich am 13. Oktober gab es den ersten Schnee, was fortan die Operationen bald zum Stillstand brachte, auch weil noch nicht Winteröle und dgl. geliefert worden waren, ebenso fehlte es an entsprechender Bekleidung. Dennoch waren die Soldaten wenig geneigt, wohlgemeinte „Einladungen" des Feindes (rechts oben) anzunehmen. (W,O,W)

The first snow arrived far too early – on 13 October – and soon brought operations to a halt because winter-grade oil and such like had still not been delivered; nor had appropriate clothing. Nevertheless, the soldiers were not inclined to accept well-intentioned 'invitations' from the enemy (top right). The sign, written by the Russians in strange German, promises German soldiers a happy life in the Soviet Union!

Neue Panzer als Ersatz erhielt die Truppe viel zu selten; hier im Bild der im Oktober 1941 neu gelieferte Panzer III Ausf. J (5 cm L42 KwK). Die Fahrgestellnummer 68406 zeigt, dass dieser Panzer im Mai 1941 bei der Firma MIAG in Braunschweig gefertigt wurde. (W)

The units received new tanks far too infrequently; this picture shows the Panzer III Ausf. J (5 cm L42 KwK) newly delivered in October 1941. The chassis number 68406 shows that this tank was manufactured by the MIAG Company in Braunschweig in May 1941.

Unter ungewohnten Friedensbedingungen erholten sich in Frankreich in Le Rheu die Besatzungen, Ausbildung des Ersatz`war zunächst nur mit französischen Panzern möglich, bevor im Frühjahr 1943 die ersten Panzer IV geliefert wurden, rechts unten bei der Schießausbildung bei Isthme. (O)

In unusually peaceful conditions, the crews recuperated at Le Rheu, France, where the training of replacements was only possible with French tanks before the first Panzer IVs were delivered in the spring of 1943. The photo below shows them at gunnery training near Isthme.

Deployment in Greece

On the 27 January, the I. Abteilung of Panzer Regiment 203 of Panzerbrigade 101 was redesignated as the II. Abteilung of Panzer-Regiment 1. Meanwhile, the I. Abteilung was expanded to four companies. On 5 March 1943, two tank companies from the I./Pz.Rgt. 1 were transferred to Grafenwöhr for retraining on the Panther armoured fighting vehicles. On 20 May the order came to prepare for transport to the Eastern Front. The units were loaded onto trains 22–29 May. However, contrary to expectations they were relocated to the Peloponnese in Greece. This was the result of a clever disinformation campaign by the British about an allegedly imminent landing there. Nevertheless, the division still played an important role. On 8 September, when Italy left the alliance, the Italian troops in Greece, among others, were disarmed by forces of the 1. Panzerdivision.

Einsatz in Griechenland

Am 27. Januar erfolgt die Umbenennung der I. Abteilung vom Panzerregiment 203 der Panzerbrigade 101 in II. Abteilung des Panzer-Regiment 1, die I. Abteilung wird auf 4 Kompanien aufgestockt. Am 5. März 1943 werden zwei Panzerkompanien der I./Pz.Rgt. 1 zwecks Umschulung auf den Pz.Kpfw. Panther nach Grafenwöhr verlegt. Am 20. Mai 1943 kam der Befehl, sich auf den Transport an die Ostfront vorzubereiten. In der Zeit vom 22. – 29. Mai wurden die Einheiten auf die Eisenbahn verladen.

Wider Erwarten erfolgte jedoch die Verlegung auf den Peleponnes in Griechenland. Dies war Folge einer geschickten Desinformationskampagne der Briten über eine angeblich bevorstehende Landung dort. Eine wichtige Aufgabe erfüllte die Division dort dennoch. Als am 8. September Italien aus dem Bündnis ausschied, wurden die italienischen Truppen in Griechenland u.a. von Kräften der 1. Panzerdivision entwaffnet.

Lediglich die II. Abteilung war im Frühjahr 1943 Teil des Panzerregiments 1.
Im Mai wurde dann auf Bahnhöfen im Raum Rennes verladen, in Erwartung einer Verlegung an die Ostfront... (B)

Only the II. Abteilung was part of Panzer Regiment 1 in the spring of 1943. In May, it entrained at railway stations in the area of Rennes, in anticipation of relocation to the Eastern Front...

Nach Eintreffen in Griechenland marschierten die Kolonnen der Division über den Isthmus auf den Peleponnes. Dorthin gab es nur eine Eisenbahnbrücke, die tragfähig auch für Panzer war. Gesichert wurde sie von italienischen Truppen, die noch Verbündete waren... (B)

After arriving in Greece, the division's columns marched across the isthmus to the Peloponnese where there was only one rail-bridge capable of taking the weight of the tanks. It was secured by Italian troops who were still allies...

Waren die sommerlichen Temperaturen in Frankreich noch angenehm, wartete Griechenland mit tropischen Temperaturen auf. An Ausbildung in der Tagesmitte war nicht zu denken, auch die ausgegebene Tropenbekleidung half wenig. Auch schattenspendende Wälder gab es kaum.

While summer temperatures in France were still pleasant, Greece awaited with tropical temperatures. Training in the middle of the day was unthinkable; the tropical clothing issued was of little help and there were hardly any shady forests. (B)

Dennoch konnte die Abteilung in Griechenland unter Friedensbedingungen ihre Ausbildung fortsetzen, in unmittelbarer „Nachbarschaft" der lokalen Bevölkerung. Um bei Bedarf Kräfte rasch verlegen zu können, wurden auch Verladeübungen auf Fährschiffen durchgeführt. (A,M)

Nevertheless, in Greece the Abteilung was able to continue its training in peaceful conditions in the immediate 'neighbourhood' of the local population. In order to be able to relocate forces quickly, if necessary, loading exercises were carried out on ferries.

Im Herbst 1943 näherte sich der beschauliche Aufenthalt in Griechenland dem Ende. Die eineinhalb Jahre bis zum Kriegsende sollten dann ungleich härter ausfallen! Bedingt durch die Auffrischung in Frankreich und die beiden Einsätze in Italien bzw. Griechenland war es dem Regiment vergönnt, fast ein Jahr fernab von den harten Kämpfen an der Ostfront Kraft zu schöpfen und sich intensiv vorzubereiten. (B)

In autumn 1943, the tranquil stay in Greece approached its conclusion. The one and a half years until the end of the war turned out to be incomparably tougher. The refitting in France and the two assignments in Italy and Greece had granted the regiment almost one-and-a-half years away from the bitter fighting on the Eastern Front to regain its strength and prepare intensively.

Deployment of the I. Abteilung in Italy

Against expectations the I. Abteilung in Grafenwöhr was equipped with Pz.Kpfw. IV Ausf. G and H and from 10 September 1943 was rushed via Passau-Udine to Trieste in Italy to stabilize the situation in Istria. The greatest danger after the disarmament of the Italian units was the partisans who were located mostly in the mountains; tank deployment was limited to the few roads.
At the end of October almost all vehicles were handed over to the 16. SS-Pz.Gren.-Div. (a few Panzer IVs were transported to the II. Abteilung in Salonica!). Subsequently, they were transported by rail to Altengrabow and equipped with Panthers.

Einsatz der I. Abteilung in Italien

Wider Erwarten wird die in Grafenwöhr befindliche I. Abteilung mit Pz.Kpfw. IV Ausf. G und H ausgestattet und ab dem 10.09.43 über Passau - Udine überstürzt nach Triest in Italien verlegt zur Stabilisierung der Lage in Istrien. Größte Gefahr nach der Entwaffnung der italienischen Verbände waren die Partisanen, die sich zumeist aber im Gebirge aufhielten; ein Panzereinsatz war nur an die wenigen Straßen gebunden.
Ende Oktober werden fast alle Fahrzeuge an die 16. SS-Pz.Gren.-Div. übergeben (einige Panzer IV wurden zur II. Abteilung nach Saloniki transportiert!). Anschließend erfolgt der E-Transport nach Altengrabow und Ausstattung mit Panther.

Per Eisenbahntransport wird die I. Abteilung - wie unverhofft auch andere sich gerade in Süddeutschland befindliche Verbände - nach Italien verlegt.

The I. Abteilung – like other units in southern Germany – was unexpectedly relocated by rail to Italy, in order to prevent a potential threat to the German troops already there after the Italian defection from the alliance. (A)

Anders als bei der II. Abteilung waren die neuen Panzer IV bereits mit Seitenschürzen am Turm und an Wanne/Laufwerk ausgestattet um Panzerfaustgefechtsköpfe zur Frühdetonation zu bringen. (A)

Unlike in the II. Abteilung, the new Panzer IVs had already been equipped with side skirts on the turrets and hulls/running gear in order to detonate anti-tank warheads prematurely.

Otherwise there was still a variety of different models; the picture (right) shows an old Panzerbefehlswagen III. Due to the mountainous landscape, the deployment of the tanks was limited mostly to securing townships; the picture (below) shows the Aufklärungszug belonging to the Abteilung lined up, military fashion, in front of a church.

Ansonsten gab es nach wie vor eine Mischausstattung aus unterschiedlichen Versionen, wie hier (oben) ein betagter Panzerbefehlswagen III.
Der Einsatz der Panzer war - bedingt durch die bergige Landschaft - zumeist auf die Sicherung der Ortschaft begrenzt, wie hier links der Aufklärungszug der Abteilung martialisch aufgefahren vor einer Kirche. (A)

Anders als in Griechenland hatte in Italien die deutsche Luftwaffe nicht die Lufthoheit, so dass sich die deutschen Fahrzeuge im Sichtschutz von Gebäuden aufstellten oder aber mit Netzen und Buschwerk sorgfältig tarnen mussten. (A)

In Italy, unlike in Greece, the Luftwaffe did not have air superiority and the German vehicles had to seek the cover of buildings, or else had to be carefully camouflaged with nets and bushes.

Before their final transfer to the Eastern Front, Panzerregiment 1 – like other regiments – received also seven Flammpanzer IIIs (flame thrower tanks), which were in tested in several demonstrations. Their purpose was to smoke out enemy field fortifications but, since they had a very limited range, they failed to prove themselves in combat.

Vor der endgültigen Verlegung an die Ostfront erhielt das Panzerregiment 1 - ähnlich wie andere Regimenter - auch sieben Flammpanzer III, die in mehreren Vorführungen erprobt wurden. Sie sollten dazu dienen, feindliche Feldbefestigungen auszuräuchern. Da sie aber nur eine sehr geringer Wirkreichweite hatten, bewährten sie sich im Einsatz nicht. (A)

Erneuter Einsatz an der Ostfront

Noch in der zweiten Novemberhälfte erfolgt der Transport an die Ostfront in den Bereich der Heeresgruppe Süd in den Raum um Kirowograd. Anschließende ununterbrochene Kampfeinsätze im Raum Shitomir bis in den Januar 1944. Nach Verlegung in den Raum um Uman beteiligt sich die Division am Aufbrechen des Kessels von Tscherkassy. Ende Februar erneut Verlegung in den Raum um Staro Konstantinoff und Abwehrkämpfe im Rahmen des "wandernden" Hube-Kessels. Danach wird ab Mitte April die Division nach und nach herausgelöst und in den Raum Lemberg zur Auffrischung verlegt. Ein Großteil der Panzer war in den harten Gefechten verloren gegangen. Anfang Juli 1944 versammelt sich die wieder einsatzbereite Division nordwestlich Tarnopol mit anschließenden schweren Rückzugsgefechten bis in den großen Weichselbogen. Nach Verlegung in den Raum Sanok Mitte September kommt es dort zu schweren Gefechten, so dass schon Ende des Monats ein Herauslösen aus dem Raum Dukla-Paß in den Raum um Humene zur Auffrischung erfolgt.

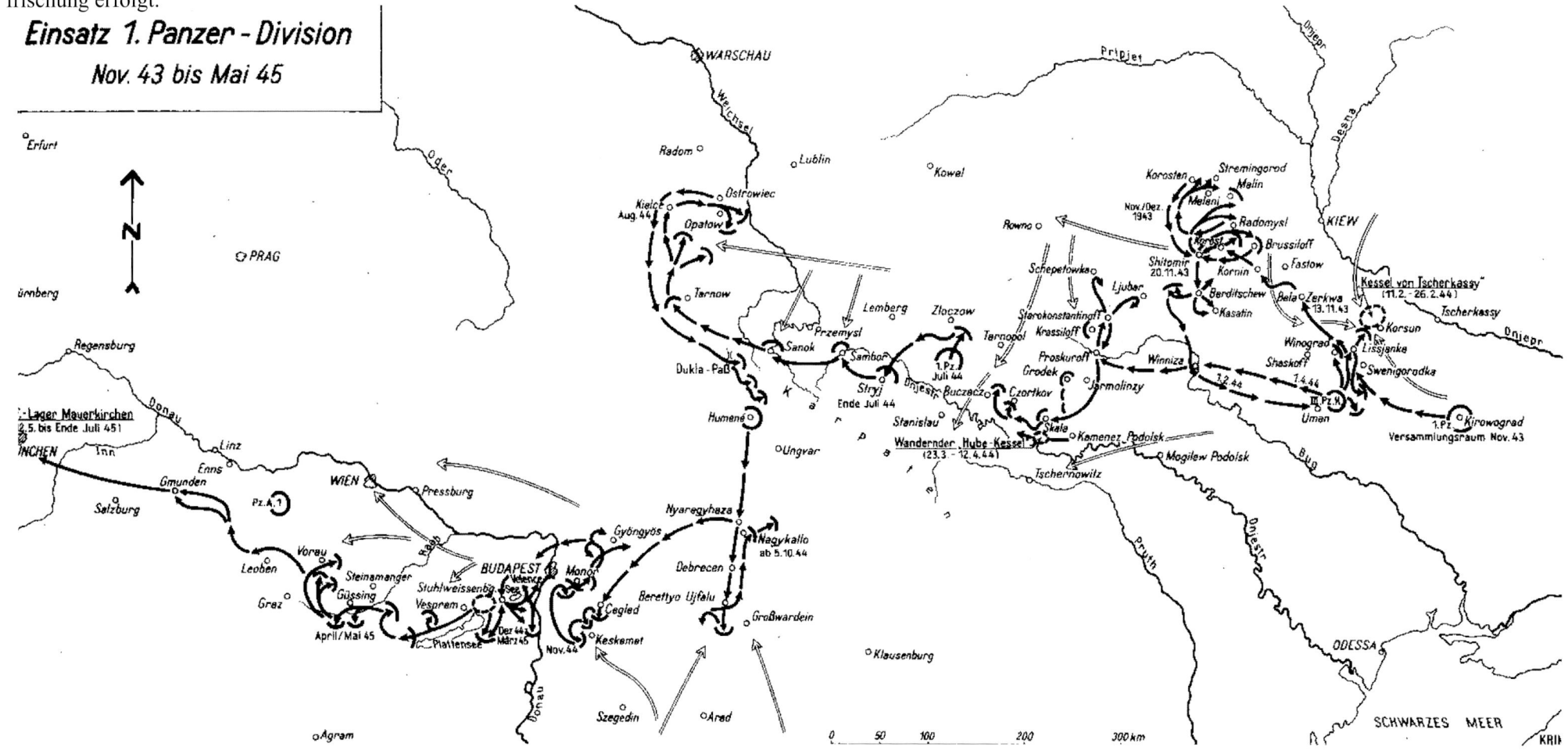

Einsatz 1. Panzer - Division
Nov. 43 bis Mai 45

Redeployment to the Eastern Front

In the second half of November, the division was moved back to the Eastern Front – to the sector of Heeresgruppe Süd (Army Group South), around Kirovograd. Continuous combat followed near Shitomir until January 1944. After being transferred to the area around Uman, it participated in breaking the encirclement of German forces around Cherkassy (Kessel von Tscherkassy). At the end of February, the division was redeployed to the area of Staro Konstantinoff and fought defensive battles within the framework of the 'wandering' Hube-Kessel (named after General Hube). From mid-April the division was gradually pulled out and relocated to the area around Lemberg (Lviv). A large proportion of its tanks were lost in these bitter battles.

At the beginning of July 1944, the newly combat-ready division assembled north-west of Tarnopol and subsequently fought heavy, rear-guard battles in the great bow of the River Vistula. After transfer to the Sanok sector in mid-September, heavy fighting ensued and consequently, by the end of the month, it was withdrawn from the Dukla Pass to the area around Humene for refitting.

Die I. Abteilung war nun schlussendlich mit dem Panzerkampfwagen Panther ausgestattet. Das Foto vom Transport in den Osten verdeutlicht mit der Turmnummer „115", dass auch einheitlich die Standardgliederung in den Panzerzügen mit je fünf Panzern eingenommen wurde. (B)

The I. Abteilung was now finally equipped with the Panther armoured fighting vehicle. This photo of transport to the east shows a tank with the turret number '115'; this illustrates that the standard structure of five tanks in each platoon had been consistently adopted

Die Zuordnung von Flammpanzern (jeweils zur Stabskompanie der beiden Abteilungen) basierte auf der 1943 verfügten Kriegsstärkegliederung (oben). Bemerkenswert war, dass weiterhin die Panzerkompanie insgesamt aus vier Panzerzügen mit je fünf Panzern bestehen sollte. Dies entsprach nicht dem Ausstattungssoll; real wurden je Kompanie nur 17 Panzer für drei Züge mit zwei Chefpanzern geliefert.
In der 1944er Gliederung (unten) wurde dies endgültig der herrschenden Realität angeglichen (die Flammpanzer waren wieder entfallen).

The allocation of flame-thrower tanks (in each case to the staff company of the two battalions) was based on the 1943 Kriegsstärkegliederung (see above). Furthermore, it is noteworthy that each Panzer company was supposed to consist of a total of four tank platoons, each consisting of five tanks. This did not correspond to the level of equipment provided; in fact only 17 tanks for three platoons with two command tanks were delivered per company. The 1944 structure (right) was finally aligned with the prevailing reality (the flamethrower tanks were again omitted).

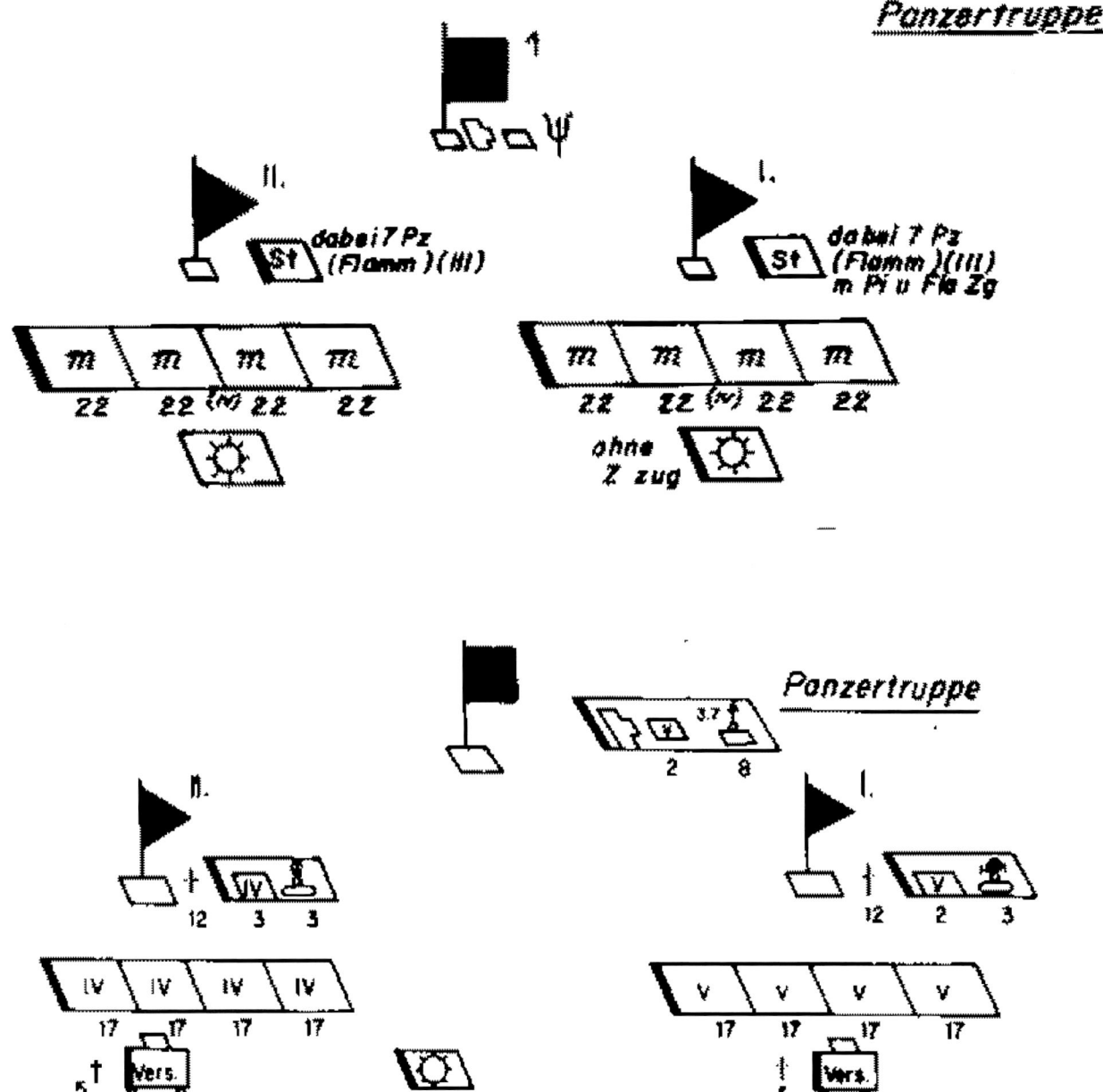

Der Panther war in allen Kampfwertparametern ein großer Sprung nach vorn, was Panzerschutz und Mobilität aber besonders auch was die Feuerkraft betraf. Die langrohrige 7,5 cm KwK hatte für damalige Verhältnisse eine sehr hohe Mündungsgeschwindigkeit und somit hohe Reichweite. Feindpanzer wurden auch bei Zielentfernungen oberhalb 2000 m durchschlagen. Die Panzer IV der II. Abteilung bildeten daher zumeist nicht die Spitze des (Gegen-)Angriffs sondern wurden vorrangig zur Aufklärung, in der Sicherung und zum Flankenschutz eingesetzt. Für Sorglosigkeit bestand aber kein Grund, Tarnung war stets wichtig (rechtes Bild). (A,W)

The Panther was, in all parameters relating to combat value, a great step forward in terms of armour protection and mobility but especially as far as firepower was concerned. The long-barrelled 7.5 cm gun had a very high muzzle velocity and therefore a long range for conditions at that time. Enemy tanks could be penetrated at target distances of more than 2,000 m. The Panzer IVs belonging to the II. Abteilung therefore did not usually form the spearhead of a (counter) attack but were deployed chiefly for reconnaissance, securing and flank protection. But there were no grounds for carelessness; camouflage was always important (see right).

Der Beweglichkeit Grenzen gesetzt war natürlich durch Brücken mit zu geringer Traglast (links im Bild) oder aber durch Feindeinwirkung. Im Bild oben ist der rechte Panzer wohl durch schwere Laufwerktreffer imobil. Die Tatsache, dass er auf der linken Seite tiefer hängt zeigt, dass an dieser Seite Drehstäbe gebrochen sind. Ein Kamerad naht, um ihn behelfsmäßig in die nächste Deckung zu ziehen; ein längeres gegenseitiges Abschleppen war tunlichst zu vermeiden, weil sowohl am ziehenden als auch am geborgenen Wagen Folgeschäden auftreten konnten. (W)

Movements were, of course, constrained by bridges with insufficient load-bearing capacities (see picture left) or by enemy action. In the photo above, the tank on the left has probably been immobilized by a hit to its running gear. The fact that the left side is lower shows that the torsion bars on that side are broken. A comrade approaches to pull it temporarily to the next place of cover; towing one tank by another over long stretches was avoided if at all possible because both the towing and the rescued tank could suffer consequential damage.

Fährt sich ein
Panzer hinge-
gen derart fest,
wie hier der
des Abteilungs-
kommandeurs
im Winter
1944/45, so ist
eine Bergung
höchstwahr-
scheinlich un-
möglich, weil
die Bergeseile
nicht unbe-
grenzt Zug-
kräfte
aushielten. (W)

If, on the other
hand, a tank is
as firmly stuck as
this battalion
commander's
vehicle – shown
here during win-
ter 1944-45 –
salvage is most
likely impossible
because towing
cables cannot
withstand unli-
mited tensile
forces.

Ein weiterer limitierender Faktor für die eigene Operationsfähigkeit war auch zunehmend die Ausfallhäufigkeit und der daraus resultierender Instandsetzungsbedarf, wie hier beim Panzer des Regimentskommandeurs, bei dem der Turm gezogen werden musste. Problem war zum Beispiel, dass es schlicht große Zeit bedurfte, den Portalkran auf- und auch abzubauen. Bei raschen Ausweichoperationen gingen immer wieder Schadpanzer verloren oder auch Werkstatteinrichtungen. Das gleiche galt für Kraftstoffmangel; gleich ein halbes Dutzend Panzer ging im Bild unten verloren und wird von russischen Soldaten begutachtet. (W)

A further limiting factor for the company's operational capability was the increasing frequency of breakdowns and the resulting need for repairs. In this case, the tank belonging to the commander of the regiment had to have its turret removed. The problem was, for example, that it took a long time to build and dismantle portable cranes. In the case of rapid evasive operations, damaged tanks and workshop facilities were repeatedly lost. The same applied to fuel shortages; the picture below shows Russian soldiers inspecting half-a-dozen abandoned tanks.

Die Zeit der eigenen Offensiven an der Ostfront war endgültig vorbei, der Schwerpunkt lag bei aufreibenden Ausweichkämpfen. Hier ein Bild der Kommandeurgruppe der I. Abteilung am 20.11.1943 im Raum Shitomir. Gute Tarnung gegen Flieger war überlebenswichtig! (A)

The time for German offensives on the Eastern Front was finally over; the focus was on gruelling evasive manoeuvres. This photo, taken on 20 November 1943, shows the command group of the I. Abteilung in the vicinity of Shitomir. Good camouflage against aircraft was vital!

Allzu bald war wieder Wintereinbruch, die Panzer wurden notdürftig mit Weißtarnung versehen, die Turmnummern schwarz umrandet, damit sie noch zusehen waren. Auch die Besatzungen trugen bei tiefen Temperaturen dicke Kleidung, wie auf dem Foto rechts während der Tscherkassy-Operation. Um den Ist-Stand zu „erhöhen", wurden auch nicht selten Feindpanzer (rechts oben) in „Besitz" genommen; freilich hielten sie nicht lange durch... (A,-,W)

All too soon, winter set in again; tanks were provided with makeshift white camouflage, the turret numbers were outlined in black so that they could still be seen clearly. Also, during periods of low temperatures, the crews wore thick clothing as the photograph on the right, taken during the Cherkassy operation, illustrates. In order to 'raise' the equipment level, enemy tanks (above right) were often taken into possession; but of course they didn't last long....

Bis zum Herbst 1944 verlagerten sich die schweren Rückzugskämpfe bis nach Ostpolen. Der Panzerbestand des Regiments war - trotz Nachschub von 30 Panzern - auf rund ein Drittel des Stands im November 1943 abgesunken. (W)

By autumn 1944, the heavy rearguard battles had shifted to eastern Poland. The regiment's inventory of tanks – despite the supply of 30 vehicles – had sunk to about a third of the level in November 1943.

Letzte Einsätze in Ungarn

Anfang Oktober 1944 erfolgt der Bahntransport nach Ostungarn. Dort kommt es zu schweren Panzerschlachten bei Debrecen und Nyiregyhaza zur Verhinderung des Durchbruchs feindlicher Kräfte auf Budapest. Bis Jahres ende kämpft die Division dann am Südostrand des Plattensees. Die Kämpfe westlich Budapest ziehen sich bis Mitte März 1945 hin, dann kommt es zu Rückzugsgefechten bis hin zur Reichsgrenze im Burgenland.

Am 1. Februar 1945 wurde die 2. Kompanie von Erfurt über Berlin nach Stahnsdorf verlegt. Dort erfolgte die Übernahme von neuen Panthern. Am 4. Februar 1945 wurde mit der 2. Kompanie die Panzerabteilung „Stahnsdorf II „ gebildet. Das Panzerregiment 1 kämpft bis Kriegsende in der Steiermark und marschiert dann über Leoben bis nach Oberbayern. Dort gehen die Reste der 1. Panzerdivision bei Mauerkirchen in US-amerikanische Gefangenschaft. (W)

The Final Operations in Hungary

At the beginning of October 1944, transport by rail to eastern Hungary took place. Heavy tank battles at Debrecen and Nyiregyhaza followed in order to prevent the penetration of hostile forces towards Budapest. Until the end of the year, the division fought on the south-eastern edge of Lake Balaton. Combat west of Budapest continued until the mid-March 1945, which was followed by a fighting retreat to the borders of the Reich at Burgenland.

On 1 February 1945, the 2. Kompanie was transferred via Berlin from Erfurt to Stahnsdorf where it took over new Panthers. On 4 February 1945, Panzerabteilung 'Stahnsdorf II' was formed from the 2. Kompanie. Panzerregiment 1 fought until the end of the war in Styria and then marched via Leoben to Oberbayern where the remains of the 1.Panzerdivision fell into US-American captivity near Mauerkirchen.

Anfang 1945 sind nur noch wenige Panzer einsatzfähig, der Nachschub an allem fast versiegt. Verwundete werden sogar mit den Panzern zum Truppenverbandsplatz gebracht! (W)

By the beginning of 1945 only a few tanks were still fit for deployment; supplies of everything had dried up. The wounded were even taken by tank to the field dressing stations.

Große Erfolge Thüringer Panzer

Berlin, 25. Januar. Am Durchbruch aus dem Raum zwischen Stuhlweißenburg und dem Plattensee waren erprobte Panzer-Divisionen des Heeres und der Waffen-SS beteiligt. Zu ihnen gehört die Thüringisch-hessische 1. Panzer-Division, die mit ihrem Kommandeur Oberst Thunert am 22. Oktober 1944 in den Ergänzungen zum OKW.-Bericht genannt wurde. Sieben Panzer der Division schossen damals in der Panzerschlacht von Debrecen 70 feindliche Kampfwagen ab und verloren selbst nur einen. Das im Rahmen dieser Division kämpfende, in Erfurt beheimatete 1. Panzer-Regiment, das älteste Panzer-Regiment unserer Wehrmacht, vernichtete während der jüngsten Kämpfe seinen 1500. Feindpanzer. Ferner vernichtete oder erbeutete das Regiment bisher über 1800 Geschütze und Panzerabwehrkanonen, über 1200 Kraftfahrzeuge und unzählige Mengen schwerer und leichter Infanteriewaffen, und 13 Flugzeuge. Sein Kommandeur, der jetzige Oberstleutnant Philipp, der bereits als Oberleutnant und Kompaniechef im gleichen Regiment das Ritterkreuz erwarb, wurde als Kampfgruppenführer in Rumänien mit dem Eichenlaub ausgezeichnet.

Great Victory for the Thuringian Tanks

Berlin 25 January. The army's battle-hardened tank divisions and the Waffen SS took part in a breakthrough between Stuhlweißenburg [Székesfehérvár, Hungary] and Plattensee [Lake Balaton, Hungary]. Among them was the Thuringian-Hessian 1. Panzerdivision, which together with its commander, Oberst Thunert, was named in the supplement to a report by the OKW [Oberkommando der Wehrmacht/ Wehrmacht High Command] of 22 October 1944. Seven of the division's tanks knocked out 70 enemy armoured fighting vehicles with the loss of just one of its own. Fighting within the framework of this division, the 1.Panzerregiment, the Wehrmacht's oldest tank regiment whose home base is in Erfurt, destroyed its 1,500th enemy tank in recent battles. In addition, the regiment so far has destroyed or captured over 1,800 artillery pieces and anti-tank guns, over 1,200 vehicles, countless heavy and light infantry weapons and 13 aircraft. Its current commander, Oberstleutnant Philipp, who as Oberleutnant and company chief of the same regiment was awarded the Knight's Cross, was decorated with Oak Leaves while serving as the leader of a battle group in Romania.

Zeitgenössischer Zeitungsartikel von Anfang 1945 über die Kämpfe am Plattensee. Die Schilderung von Erfolgen und Abschüssen konnte nicht mehr darüber hinweg täuschen, dass der Krieg verloren war. Bemerkenswert war, dass die 1. Panzerdivision noch mit ihren Heimatstandorten in Zusammenhang gebracht wurde, obwohl sie dort schon lange nicht mehr gewesen ist!

The contemporary newspaper article from the beginning of 1945 describes the battles at Lake Balaton. The portrayal of successes and enemy losses could no longer cover up the fact that the war was lost. It was remarkable that the 1. Panzerdivision was still connected with its home bases although it had not been near them for a long time! (M)

O

Nachwort

Völlig anders als beim Durchstöbern von öffentlichen Bildarchiven mit professionellen Propagandaaufnahmen wird man beim Blättern in privaten Alben emotional mitgenommen. Überwiegend findet man dort Fotos von und mit Kameraden, eher weniger nur von Fahrzeugen und Waffen.

Grund dafür ist, dass der Soldat entscheidenden Halt in der Gemeinschaft findet. Diese versetzt ihn erst in die Lage, zum Teil entsetzliche Belastungen und schlimme Erfahrungen durchzustehen. Natürlich kämpft der Soldat auch für sein Vaterland, aber – und dies ist für Außenstehende kaum nachvollziehbar – in erster Linie setzt er sich rückhaltlos ein für seine Besatzung, seine Einheit, weniger für den (Groß-)Verband. Die sogenannte kleine Kampfgemeinschaft ist, gleichgültig wie die einzelnen Charaktere sind, seine soldatische Heimat, stabilisiert ihn auch in Extremsituationen.

In vielen langen Gesprächen mit ehemaligen Soldaten (und natürlich im eigenen Erleben als Berufssoldat in der Kampftruppe) habe ich stets diesen besonderen Geist gespürt, selbstverständlich auch bei Soldaten anderer Nationen. Dies muss man wissen, um zu begreifen, wie Menschen im Kampf bestehen können, anders, als bei Übungen im Frieden, nicht wissend, wie lange die Tortur noch dauert, was der nächste Tag bereithält.

Dabei geht es nicht um Orden und persönliche Eitelkeit, Stolz erwächst durch die Gruppenleistung und die Achtung der Gesellschaft, auch Jahre später noch. Im bequemen Sessel Jahrzehnte später den moralischen Zeigefinger zu heben und auch die tapferen und aufrichtigen Soldaten von damals pauschal als Nazi-Verbrecher abzuwerten, ist schäbig und charakterlos. Informationen und Kenntnisse um die damaligen Vorgänge, die der Historiker heute hat, hatten Soldaten damals nicht.

Wir Soldaten lachen über naive Friedensbewegte mit moralischem Überlegensheitsdünkel, und wir verachten unprofessionelle „Historiker" die keine Faktenorientierung haben sondern gekünstelten pädagogischen Ansprüchen genügen wollen.

Concluding Remarks

In contrast to browsing through public image archives with professional propaganda pictures, one becomes emotionally involved when leafing through private albums. Mostly, one finds photos of, and with, comrades – and rather fewer of only vehicles and weapons.

The reason for this is that the soldier finds crucial support from within his community. This puts him in the position of being able to withstand terrible stresses and bad experiences. Of course, the soldier also fights for his fatherland, but – and this is hardly comprehensible for outsiders – he is primarily concerned with his crew, his battalion, and less so for the (larger) unit. The so-called kleine Kampfgemeinschaft (small brotherhood of combatants) is, irrespective of what the individual characters are like, the soldierly home that keeps him on an even keel in extreme situations.

In many long conversations with former soldiers (and from my own experience as a professional soldier in a combat unit), I have always felt this special spirit which is, of course, also to be found among soldiers from other nations. One has to be aware of this in order to grasp how people can survive in battle – unlike in exercises during peacetime – not knowing how long the ordeal will last or what the next day will hold.

This has nothing to do with decorations and personal vanity; pride grows through group effort and the respect of society, even years later.

In a comfortable chair, decades later, to raise the moral index finger and devalue, sweepingly, the brave and sincere soldiers of that time as Nazi criminals is shabby and characterless.

Soldiers then did not have the information or knowledge about events at the time – unlike the historians of today.

We soldiers laugh at the naive pacifists with their moral superiority; we despise unprofessional 'historians' who have no factual perspective but want to satisfy contrived pedagogical demands.

Danksagung und Fotonachweis

Sie halten die Bildchronik über den ältesten Panzerverband der Wehrmacht in Händen. Eine ausführliche Einsatzgeschichte wurde – anders als bei anderen Truppenteilen – von Ehemaligen nicht zusammengestellt. Wie die Literaturangaben ausweisen, gibt es mehrere Erlebnisdarstellungen in Buchform sowie die ausführliche Chronik der 1. Panzerdivision von Oberstleutnant a.D. Rolf Stoves. Diese widmet sich aber allen Verbänden der Division, so dass die jeweilige Rolle des Panzerregiments nur knapp dargestellt werden konnte.

Diese Publikation tritt auch nicht in Konkurrenz dazu, sondern möchte einen Überblick über das Werden und das Dienen im Regiment sowie die einzelnen Einsätze vermitteln. Dabei soll in erster Linie das Bild wirken, den Einsatzalltag aber auch den Schrecken des Krieges zeigen.

Wie auch in meinen zurückliegenden Publikationen möchte ich Dank sagen für die große Bereitschaft ehemaliger Panzerkameraden, mir ihre fotografischen Erinnerungen zur Verfügung zu stellen. Es sind nicht die Hochglanzfotos von geschulten Propagandaknipsern, aber sie liefern zumeist einen authentischeren Eindruck. Viele waren zum Abdruck eher ungeeignet, aus über 1300 Aufnahmen von Angehörigen wurden die 270 „besten" ausgewählt. Dabei war - einmal mehr - festzustellen, dass die Zahl der Fotos über die Vorkriegszeit sowie die erste Kriegshälfte ungleich zahlreicher waren als von der restlichen Periode. Aber Kenner der Materie kennen dieses Problem.

Zu ihren Lebzeiten haben mir mehrere ehemalige Angehörige des Panzerregiments 1 ihre privaten Fotos zur Verfügung gestellt, ihnen schuldige ich großen Dank. Ihnen möchte ich den Fotoband widmen.

Es sind dies
- Oberleutnant Günter Bräutigam (B)
- Leutnant Hermann Siegfried Otto (O)
- Leutnant Gotthold Wunderlich (W)
sowie unbekannte Ehemalige aus den Sammlungen Thomas Anderson (A), Karl-Heinz Münch (M), Jürgen Wilhelm (W), Throughtheireyes (T).
Die Einsatzkarten sind der Divisionsgeschichte entnommen.

Das Buch dokumentiert auch nicht in erster Linie die technische Seite. Hierzu sind ebenfalls eine Reihe von Büchern erschienen, die der Fachmann kennt. Vielmehr sollen bislang kaum bekannte Details im Vordergrund stehen, die Gliederung, Fahrzeugmarkierung und Einsatzrealität zeigen, die in bisherigen Büchern nicht bzw. unzureichend behandelt sind.

Acknowledgments and Photo Credits

You are now in possession of the pictorial chronicle of the oldest tank formation in the Wehrmacht. A detailed operational history was - unlike other in units - not compiled by former members. As the bibliography indicates, there are a number of first-hand descriptions in book-form as well as the detailed chronicle of the 1. Panzerdivision by Oberstleutnant a.D. (retired) Rolf Stoves. However, this is devoted to all of the formations within the division so the respective role of the Panzerregiment could only be described briefly. This publication does not compete with these but seeks to provide an overview of the regiment's genesis and service as well as its individual missions. In doing so, the pictures are primarily intended to depict the daily routine as well as the horror of the war.

As in my previous publications, I would like to express my thanks for the great readiness of former comrades to make their photographic 'memories' available to me. These are not the high-gloss photographs of trained propagandists but they usually provide a more authentic impression. Many were rather unsuitable for printing but the 'best' 270 were selected from more than 1,300 photographs taken by members of the regiment.

It was once again clear that the number of photos taken during the pre-war period and the first half of the war were far more numerous than in the rest of the period – but devotees of this subject will already know this problem.

During their lifetime, a number of former members of Panzerregiment 1 made their private photos available to me for which I offer my sincerest thanks. It is to them that I would like to dedicate this book of photographs.

These include:
- Oberleutnant Günter Bräutigam (B)
- Leutnant Hermann Siegfried Otto (O)
- Leutnant Gotthold Wunderlich (W)
as well as unknown former members from the collections of Thomas Anderson (A), Karl-Heinz Münch (M), Jürgen Wilhelm (W) and Throughtheireyes (T).
The operational maps are taken from the division's history.

The book also does not primarily document technical matters. A number of books have already been published for this purpose and are well known to specialists in these matters. On the contrary, little known details regarding the division's structure, vehicle markings and   actual operations are depicted which are not, or not adequately, dealt with in previous books.

T

Panzerregiment 1 - Literatur

Rolf Stoves, Die 1. Panzerdivision (1961), Bildband (1967)
Horst Riebenstahl, Die 1. Panzerdivision im Bild (1986)
Graf Kielmansegg, Panzer zwischen Warschau und Atlantik (1941)
Hans-Peter Brachmanski, Ruft und das Schicksal... (2010)
Heinrich Kersch, 2. Kompanie Pz.Rgt. 1 (1985)
Jürgen Wilhelm, I./Pz.Rgt. 1 (Manuskript)

1